Any Setianingrum

O padrão do imposto islâmico

AF404695

Any Setianingrum

O padrão do imposto islâmico

A urgência de uma solução de governação moderna

ScienciaScripts

Imprint

Any brand names and product names mentioned in this book are subject to trademark, brand or patent protection and are trademarks or registered trademarks of their respective holders. The use of brand names, product names, common names, trade names, product descriptions etc. even without a particular marking in this work is in no way to be construed to mean that such names may be regarded as unrestricted in respect of trademark and brand protection legislation and could thus be used by anyone.

Cover image: www.ingimage.com

This book is a translation from the original published under ISBN 978-620-2-02653-6.

Publisher:
Sciencia Scripts
is a trademark of
Dodo Books Indian Ocean Ltd. and OmniScriptum S.R.L publishing group

120 High Road, East Finchley, London, N2 9ED, United Kingdom
Str. Armeneasca 28/1, office 1, Chisinau MD-2012, Republic of Moldova, Europe
Printed at: see last page
ISBN: 978-620-7-91733-4

ÍNDICE DE CONTEÚDOS

GLOSSÁRIO

Al-Quran: o Livro Sagrado revelado ao Profeta Muhammad

Alá SWT: Deus, o mais glorificado, o mais elevado

Rasulullah Muhammad SAW: o último profeta do Islão

SAW: Que a paz esteja com ele (PBUH)

Al-Hadith: um dos vários relatos que descrevem as palavras, acções ou hábitos do profeta islâmico Muhammad SAW.

Ushr: Um imposto de 10% sobre as colheitas de terras irrigadas e de 20% sobre as colheitas de terras regadas pela chuva. O termo foi também utilizado para designar um imposto de 10% sobre as mercadorias importadas de Estados que tributavam os muçulmanos sobre os seus produtos

Al-Hisbah: sistema de inspeção estatal destinado a garantir práticas leais nos mercados.

Amar ma'ruf nahi munkar: ordenar o bem e proibir o mal

Amwal Fadla: tesouros dos muçulmanos que não têm herança ou os bens de um muçulmano que abandona o seu país.

Baitul maal: Tesouro público do governo islâmico

Califa: o principal governante civil e religioso muçulmano, considerado o sucessor do Profeta Muhammad SAW.

Dharibah: os tesouros exigidos por Allah SWT aos muçulmanos para financiar as várias necessidades e despesas que lhes são exigidas, quando a condição baitul mal não tem dinheiro ou tesouro.

Dinar: moedas de ouro emitidas pelos governos islâmicos.

Dirham: nome de uma unidade monetária, geralmente uma moeda de prata, utilizada no passado em vários países muçulmanos e ainda utilizada em alguns países muçulmanos.

fai': os tesouros dos não-muçulmanos abandonados e controlados pelos muçulmanos sem qualquer guerra.

Fardhu kifayah: obrigação jurídica que deve ser cumprida pela comunidade muçulmana no seu conjunto / responsabilidade social

Fiqh al-muamalah: Direito comercial islâmico

Fiqh: Jurisprudência islâmica.

Ghanimah: O tesouro do não-muçulmano que é controlado pelos muçulmanos com a guerra.

Gharar: incerteza, engano, perigo e risco. Uma das três proibições fundamentais das finanças islâmicas (as outras duas são Maisir e Riba). A proibição de Gharar é frequentemente utilizada como fundamento para a crítica das práticas financeiras convencionais, como as vendas a descoberto, a especulação e os derivados.

Hajj: Hajj significa peregrinação a Meca e a outros locais sagrados. Hajj, o quinto pilar do Islão.

Halal: aceitável e lícito

Haram: ilegal

Ijma': consenso ou acordo de todos os académicos muçulmanos sobre a interpretação.

Ijtihad: interpretação. Tomada de decisão na lei islâmica por esforço pessoal, independentemente de qualquer escola de jurisprudência. Para ser válida, tem de estar enraizada nas escrituras islâmicas e nos hadith, e não pode haver nenhuma doutrina estabelecida a decidir o caso.

Infaq: Refere-se a gastar à maneira de Alá, especialmente para ajudar os pobres e os necessitados.

Istinbat: Processo de tomada de decisão baseado em provas existentes do Corão ou da

Sunnah.
Jizyah: a propriedade cobrada aos incrédulos que são autorizados a viver na terra do Islão como garantia da sua segurança, o imposto excluía os pobres, as mulheres, as crianças e os idosos
Kharaj: um imposto fundiário inicialmente imposto apenas aos não muçulmanos, mas que mais tarde foi imposto também aos muçulmanos
Khulafaur Rashidin: quatro califas (líderes) do Islão, considerados pelos muçulmanos como os sucessores da liderança do Profeta Muhammad Saw após a sua morte.
Luqathah: bens encontrados algures e que não se sabe a quem pertencem.
Ma'adin: A mina
Maal: Capital ou riqueza.
Maisir: Jogo de azar. A proibição de maysir é frequentemente utilizada como fundamento para a crítica das práticas financeiras convencionais, como a especulação, os seguros convencionais e os derivados.
Maqasid Sharia: Os objectivos mais elevados da lei sharia, para proteger o bem-estar das pessoas que reside na salvaguarda da sua fé (deen), das suas vidas (nafs), do seu intelecto (aql), da sua posteridade (nasl) e da sua riqueza (mal).
Maqasid: Objectivos e finalidades últimas da lei islâmica.
Muallaf: Um novo convertido, uma pessoa que se converteu oficialmente ao Islão.
Mujtahid: A pessoa que efectua a Ijtihad.
Mumalah: Transação financeira.
Mustahik: Beneficiários legítimos do zakah.
Muzaki: Pessoas que são obrigadas a pagar o zakat.
Nawaib: Impostos consideráveis impostos aos muçulmanos ricos para cobrir as despesas do Estado em caso de emergência.
Qurban: O sacrifício de um animal (cabras, ovelhas, gado (vacas ou touros), búfalos ou camelos) a Alá Swt durante o período de Eid ul Adha (o festival de três dias que marca a peregrinação Hajj e o Qurbani). Idealmente, a carne do Qurbani deve ser dividida em três partes iguais - uma para a casa, outra para os familiares e amigos e outra para os pobres e necessitados.
Riba/usura/juros: Excesso de valor sem contrapartida, não igualdade numa troca, qualquer excesso sobre o montante principal do empréstimo, ou seja, todo e qualquer juro, independentemente da forma, contexto ou magnitude, objetivo ou duração. Os juros são proibidos no Islão porque um empréstimo é considerado um ato humanitário. Cobrar juros sobre o dinheiro que se empresta a alguém em necessidade transformaria um ato moral num empreendimento lucrativo e explorador. Assim, o financiamento islâmico tende a ser estruturado em torno de contratos de parceria ou de locação financeira baseada em activos.
Rikaz: Os tesouros da era jahiliyah (era pré-islâmica) provêm de não muçulmanos que foram enterrados involuntariamente e retirados sem dificuldade de escavação, quer estejam enterrados sob a forma de ouro, prata ou outros tesouros.
Shadaqah: contribuição caritativa voluntária de um muçulmano que procura agradar a Alá.
Sharia: lei islâmica tal como revelada no Alcorão e através do exemplo do Profeta Maomé. Um produto em conformidade com a Sharia cumpre os requisitos da lei islâmica.
Sukuk: Uma obrigação garantida por activos que é concebida ou estruturada de acordo com a shari'ah e pode ser transaccionada no mercado
Usul al-fiqh: Teoria jurídica islâmica que fornece princípios e directrizes de interpretação.
Waqf: Refere-se à propriedade que foi transferida para uma instituição de caridade ou um

trust numa base voluntária e permanente. O objetivo é que o seu usufruto possa beneficiar outras pessoas.

Zakah: É um imposto religioso imposto aos muçulmanos, que purifica a sua riqueza para a vontade de Alá SWT, pagável anualmente a uma taxa de 2,5% do património líquido a certos beneficiários prescritos pela Shari'ah.

Ziswaf: Zakah, Infaq, Shadaqah, Waqf

CAPÍTULO 1
INTRODUÇÃO

A chave para a resiliência do modelo económico reside no papel do Estado. O papel do Estado, através da conceção dos seus programas e da sua política fiscal, é crucial. A eficácia dos programas e a política fiscal serão fundamentais para o bem-estar e o crescimento económicos sustentáveis (Geforkyan, 2009).

A crise recorrente no século XXI indica que ainda existem fraquezas e limitações nos programas e políticas orçamentais convencionais. Isto significa que os sistemas e práticas orçamentais convencionais ainda requerem avaliação e correção, tanto em termos de políticas de receitas como de despesas, que constituem o âmbito principal da política orçamental. O âmbito da política orçamental no sistema convencional inclui medidas do governo para introduzir alterações no domínio da tributação e da despesa pública com vista a afetar a despesa agregada (global) na economia. O entendimento completo da política fiscal consiste nas medidas do governo para introduzir alterações no sistema fiscal ou nas despesas, com vista a ultrapassar os problemas económicos enfrentados (Sukirno: 2008: 184). A imagem da realização fiscal em vários países que aderem ao atual sistema económico convencional é que as receitas são largamente determinadas pela cobrança de impostos, que são depois utilizados para financiar parte das despesas. Diz-se que um país é ideal se as receitas e as despesas estiverem equilibradas. O governo também contrai empréstimos e cria dinheiro, para além de depender dos impostos, especialmente nos países pré-capitalistas.

A exploração dos conceitos e práticas fiscais, em particular as políticas de receitas e despesas praticadas por Rasulullah SAW (que a paz esteja com *ele/PBUH*) e Khulafa Rashidin/ quatro califas (líderes) do Islão primeiro (em 622-660 d.C.), é necessária para abordar as actuais limitações e desvantagens das actuais políticas de receitas e despesas. A necessidade de adotar o sistema fiscal islâmico é corroborada por Metwally (1995: 84), segundo o qual o sistema fiscal islâmico, através da aplicação do zakah (purificação da riqueza para a vontade de Alá SWT, uma forma obrigatória de doação) e da abolição dos juros, resultará em maiores volumes de investimento (com a mesma taxa de poupança) em comparação com os sistemas convencionais.

A existência da proibição da usura (juros), as obrigações do zakah e o papel do sector social através do infak (despesa, desembolso, simplesmente para agradar a Deus sem pedir qualquer favor ou esperar um retorno), waqf (uma dedicação voluntária, permanente, (uma dedicação voluntária, permanente e irrevogável de uma parte da riqueza - em dinheiro ou em espécie - a Alá) e outra shadaqah (uma boa ação, não só mas incluindo o dispêndio de alguma riqueza/propriedade para e apenas para procurar a ridha de Alá swt, como prova do iman de uma pessoa), bem como a existência da instituição baitul maal é o principal fator de diferenciação em relação ao sistema fiscal convencional. O Baitul Maal é uma instituição ou partido (al-jihat) que tem a tarefa especial de gerir toda a riqueza do povo, tanto na forma de receitas como de despesas do Estado. O Baitul Maal pode também ser interpretado fisicamente como um local de armazenamento e gestão de todos os tipos de bens que constituem rendimentos do Estado (Zallum, 1983). Os tesouros administrados pelo baitul maal no governo de Rasulullah SAW e de Khulafaur Rashidin incluem terras, edifícios, minerais, dinheiro, bens comerciais e outros bens que os muçulmanos têm o direito de possuir de acordo com a sharia. Assim, na política fiscal do Islão, o governo gere diretamente os instrumentos obrigatórios e sociais.

Atualmente, a política orçamental desempenha um papel importante na estabilidade económica dos países ocidentais, especialmente após a Grande Depressão da década de 1930. A economia em que a capacidade de produção pode ser bem desenvolvida, a política fiscal pode desempenhar um papel importante na regulação da procura agregada. Muitos países desenvolveram sistemas fiscais e de proteção social como políticas fiscais que podem suprimir a inflação ou a deflação.

A estabilidade da taxa de câmbio nos países islâmicos pode ser cultivada de acordo com a gestão de cada via de desenvolvimento. De acordo com Ibn Khaldun, na altura, o sultão rejeitou o fluxo de dinheiro para o público, o que resultaria numa recessão. Atualmente, na era moderna, existem mais mecanismos de financiamento público para evitar que a procura agregada e a oferta diminuam. A política fiscal para reduzir a procura agregada e aumentar a produção é necessária quando as condições económicas são atingidas pela inflação.

Os impostos progressivos, bem como os pagamentos à segurança social, podem reagir como estabilizadores automáticos da economia.

CAPÍTULO 2
O GOVERNO DO PROFETA DE MUHAMMAD SAW
& KHULAFAUR RASYIDIN

2.1 O Governo do Profeta Muhammad: As bases da sociedade islâmica em Madina (1-11 H / 622-632 d.C.)

De acordo com Mufrodi (1996), os fundamentos da comunidade islâmica estabelecida pelo Profeta em Madina são os seguintes

1) Estabelecer uma mesquita para locais de reunião e encontro, para além dos locais de culto.

2) Irmandade entre os Ansar, os habitantes de Medina que ajudam o Profeta Maomé, e os Muhajirin. Os Muhajirin são aqueles que emigraram de Meca para Medina. Esta base reforça a unidade do Islão, ajudam-se mutuamente e alguns têm mesmo o direito de herdar os bens deixados pelos irmãos da mesma fé. Os muhajirins começaram a fazer comércio, como Abu Bakr, Umar, Ali Bin Abi Talib e outros. Até Abdurrahman Bin 'Auf, ao negociar manteiga e queijo num período de tempo relativamente curto, consegue enriquecer e ter uma caravana que pode ser utilizada para cortejar os cidadãos de Medina. Há também agricultores que trabalham nas terras pertencentes aos Ansar e que trabalharam em conjunto.

3) Acordo de entreajuda entre muçulmanos e não muçulmanos (árabes que não se converteram ao Islão, judeus de Bani Nadir e Bani Quraizah).

4) Estabelecer a base política, económica e social, que se baseia na justiça e na igualdade, que distingue o nível de piedade e a base da deliberação. Além disso, de acordo com Rahman (1992), durante o governo do Profeta SAW, a importância da segurança social para os mais fracos foi grandemente enfatizada em comparação com outros programas estatais. Os direitos dos pobres e dos necessitados têm um direito maior do que os primeiros muçulmanos sobre o excesso de propriedade nacional na sociedade. O direito dos pobres sobre as posses dos ricos tem prioridade máxima no Islão e, em qualquer circunstância, deve ser o mais considerado. Mesmo que o sistema fiscal existente não cubra adequadamente as necessidades dos pobres, o Estado tem o direito de tirar partido dos ricos. Este princípio implica a proibição da acumulação de tesouros nas mãos de um punhado de pessoas.

A divisão dos despojos de guerra que era mais abundante, pode ser usada como referência, como o Profeta deu parte aos combatentes, para além dos proporcionais, bem como as diferenças entre níveis/cargos/posições não muito distantes. O resultado dos despojos de guerra é de 4/5 para os combatentes e 1/5 é reservado para poupanças a utilizar em favor dos pobres. Cada secção é determinada com base nos dois princípios seguintes:

1) Cada combatente é pago de acordo com a sua atividade/função. Soldados pagos / dados 1 parte, 2 soldados a cavalo (uma parte para si, uma parte para o seu cavalo).

2) Cada um recebe de acordo com as suas necessidades. Aos soldados solteiros foi dada 1 parte, enquanto aos soldados casados foram dadas 2 partes.

Após a morte do Profeta Muhammad SAW, a liderança do Estado foi assumida pelos seus quatro amigos, a quem foi dada a alcunha de "Quem se guia por um caminho reto" (Khulafaur Rashidin). Os seus princípios e linhas de sabedoria devem continuar a luta do Profeta (s), nomeadamente a construção de uma sociedade baseada no Alcorão e nos ahadith (um dos vários relatos que descrevem as palavras, acções ou hábitos do profeta islâmico Maomé). Só que cada califa tem um determinado padrão de gestão do país no domínio social, político, económico e social. Com base na escolha e na aplicação das suas políticas e nos antecedentes subjacentes, é possível aprofundar a compreensão do conceito de finanças do Estado islâmico. Segue-se uma descrição das políticas sociais, económicas, políticas e sociais dos respectivos califas Khulafaur Rashidin.

2.2. O governo do califa Abu Bakr As-Siddiq (11-13H / 632-634 d.C.)

Abu Bakr al-Siddiq, cujo nome completo é Abdullah Bin Abu Quhafah al-Tamimi, foi eleito o primeiro califa (o principal governante civil e religioso muçulmano, considerado o sucessor do Profeta Muhammad SAW) do Islão após a morte do Profeta. É um líder religioso e chefe da nação muçulmana. O período da sua administração, que durou apenas dois anos, permitiu a execução com êxito dos seguintes programas

1) Envio de uma expedição à fronteira de Shuriah para realizar os desejos do Profeta SAW em vida, liderada por Usamah, e a expedição foi bem sucedida.

2) Acabar com o movimento dos falsos profetas e dos apóstatas / riddah (que renunciam ao Islão e regressam à antiga crença após a morte do Profeta).

3) Lutar contra as pessoas que têm relutância em pagar o zakah, o que se deve aos seguintes factores

A.	Mal-entendidos, presumem que só o Mensageiro de Alá SAW pode escolher o zakah.

B.	Os sentimentos de tortura e os impostos do tipo zakat degradam o poder, reduzindo assim a independência, que as tribos árabes não gostavam.

4) O princípio adotado por Abu Bakr é o de que, nas necessidades da vida, a igualdade é

melhor do que o princípio da virtude, de modo que aqueles que se convertem ao Islão no início, juntamente com os recém-convertidos, recebem montantes iguais de zakah, benefícios e excesso de propriedade do Estado, embora Umar e alguns amigos discordem.

5) Abu Bakar funcionou como Baitul Maal, tal como o fez o Mensageiro de Alá. No seu tempo, o Baitul Maal ainda se encontrava na mesquita de Madina. Abu Ubaidah foi nomeado diretor do Baitul Maal. Durante o governo de Abu Bakr, os tesouros do Baitul Maal nunca se acumularam a longo prazo, porque eram distribuídos diretamente a todos os muçulmanos. Quando o Baitul Maal recebeu dinheiro de 8000 dirhams do Bahrein, foi imediatamente distribuído aos necessitados. Esta foi a condição até ao final do governo de Abu Bakr. Quando este morreu, só encontrou 1 dirham no tesouro do Estado. Quando o rendimento aumenta, todos os muçulmanos beneficiam da mesma forma e ninguém fica na pobreza. Esta política implica que o aumento da procura agregada e da oferta agregada acabará por aumentar o rendimento nacional total, minimizando o fosso entre ricos e pobres.

6) Reforço das fronteiras persas e bizantinas.

Desde que se tornou califa, as necessidades da família de Abu Bakar eram satisfeitas pelos tesouros do Baitul Maal. De acordo com algumas histórias, foi-lhe permitido tirar 12 dois e meio (2,5) ou três quartos de dirham por dia do Baitul Maal, com a adição de alimentos sob a forma de borrego e roupa normal. Verifica-se que o subsídio é insuficiente ao longo do tempo, pelo que ascende a 2000 dirhams ou 2500 dirhams, havendo quem refira 6000 dirhams e 8000 dirhams por ano (Sabzwari, 1985).

Algum tempo antes da sua morte, Abu Bakr teve muitas dificuldades em cobrar as receitas do Estado. Quando foi informado dos benefícios que o Estado lhe tinha concedido, no valor de 8000 dirhams, ordenou imediatamente que vendesse todas as suas terras e as entregasse ao Estado, bem como todas as facilidades recebidas, que deveriam ser entregues aos chefes substitutos seguintes. Abu Bakr foi informado das facilidades que recebeu enquanto califa, sob a forma de um escravo encarregado de criar os seus filhos, um camelo que transportava água e uma peça de vestuário, e deu instruções para desviar todas as facilidades para o seu sucessor, de tal modo que Umar disse: "Oh Abu Bakr, tornas o trabalho do teu sucessor muito difícil". Inacabado em toda a sua missão, Abu Bakr morreu na segunda-feira, 23 de agosto de 624 d.C., depois de ter sido califa durante 2 anos, 3 meses e 11 dias, com 63 anos de idade.

2.3. O Governo do Califa Umar Bin Khattab (13-23 H / 634-644 d.C.)

Há 10 coisas importantes que devem ser observadas pelo governo. 1. Baitul Maal, 2.

Propriedade da terra, 3. Zakah, 4. Ghanimah, 5. 'Ushr, 6. Sadaqah para não muçulmanos (Jizyah), 7. Moedas (moeda), 8. Classificação do rendimento do Estado, 9. Despesas, 10. Mecanismo de mercado.

2.3.1 . Instituição Baitul Maal

O desenvolvimento da instituição Baitul Maal, dotada de um sistema de administração bem organizado e bem organizado, é a maior contribuição dada pelo califa Umar Bin Khattab ao mundo muçulmano e aos muçulmanos (Sabzwari, 1985: 51). A construção da instituição Baitul Maal baseou-se no tempo de Abu Hurairah, que era então governador do Barém, com o tesouro do imposto Al-kharaj de 500 000 dirhams para Madina. Isto aconteceu no ano 16 H. Por conseguinte, o califa Umar Bin Khattab tomou precauções e preveniu as deliberações de amigos proeminentes sobre a utilização dos fundos do Baitul Maal. Através de uma discussão considerável, o califa Umar Bin Khattab decidiu não executar os tesouros do Baitul Maal, mas manteve-os como uma reserva, tanto para emergências, como para o pagamento dos salários dos soldados e várias necessidades de outras pessoas (Sabzwari, 1985: 51). No mesmo ano, foi inaugurado o primeiro edifício do Baitul Maal, tendo Madina como centro. Seguiram-se várias sucursais em várias capitais de província. Para integrar a instituição, o califa Umar Bin Khattab nomeou Abdullah bin Irqam como tesoureiro do Estado, tendo Abdurrahman Bin Ubaid Al-Qari e Muayqab como seus adjuntos. Após a conquista da Síria, de Sawaad, do Iraque e do Egipto, os rendimentos do Baitul Maal aumentaram substancialmente, tendo o kharaj de Sawaad atingido a velocidade dos dinares e o do Egipto dois milhões de dinares (Sabzwari, 1985: 51). Com base na perspetiva dos estudos macroeconómicos, o Baitul Maal serve diretamente a política fiscal do Estado islâmico e o califa é um partido cheio de Baitul Maal, mas o califa não está autorizado a utilizar o Baitul Maal para proveito pessoal.

A mesada do califa Umar Bin Khattab para cada ano é fixada em 5000 dirhams, dois conjuntos de roupa para o verão e para o inverno e um animal de montaria para efetuar a peregrinação (Sabzwari 1985: 51). A distribuição do tesouro do Baitul Maal, embora sob o seu controlo e responsabilidade, os funcionários do Baitul Maal não tinham autoridade para tomar uma decisão sobre os tesouros do Baitul Maal sob a forma de zakah e 'ushr. A riqueza do país destina-se a vários grupos da sociedade e deve ser gasta de acordo com os princípios do Alcorão. O tesouro do Baitul Maal é considerado como um tesouro dos muçulmanos, enquanto o califa e o amil são apenas os detentores do mandato.

Segue-se a implementação da responsabilidade do Estado no tempo do califa Umar Bin Khattab:

1) Fornecer alimentos às viúvas, aos órfãos e às crianças abandonadas.

2) Financiar o enterro dos pobres.

3) Pagar aos que vão à falência.

4) Pagar diyat para certos casos, como pagar aos soldados shebani que matam cristãos para lhes salvar a vida.

5) Empréstimos sem juros para fins comerciais, como o caso de Hind bint Ataba.

6) Umar Bin Khattab tinha pedido emprestado uma pequena quantia de dinheiro para uso pessoal (Sabzwari, 1985: 57).

7) O califa Umar Bin Khattab tomou igualmente disposições no sentido de o poder executivo não interferir na gestão do tesouro do Baitul Maal. Os funcionários provinciais responsáveis pelos bens do povo não dependem do governador e têm plena autoridade no exercício das suas funções, sendo diretamente responsáveis perante o governo central (Ra'ana, 1997: 152-153).

8) A fim de distribuir os tesouros do Baitul Maal, o califa Umar Bin Khattab criou vários departamentos considerados necessários, tais como (Afzalurrahman, 1995: 169-173; Sabzwari, 1985: 52; Ra'ana1997: 152-153):

A. Departamento de navegação militar. Este serviço tem por objetivo distribuir os fundos de ajuda às pessoas envolvidas na guerra. O montante dos fundos de ajuda é determinado pelo número de pessoas a cargo da família de cada beneficiário.

B. Departamento de Justiça e Execução. Este departamento é responsável pelo pagamento dos salários dos juízes e dos funcionários de execução. O montante do salário deve ser suficiente para a família, a fim de evitar a prática de suborno, e o montante do salário deve ser o mesmo e, se houver uma diferença, esta deve manter-se dentro dos limites da razoabilidade.

C. Departamento de Educação e Desenvolvimento Islâmico. Este departamento distribui fundos aos divulgadores e promotores islâmicos e às suas famílias, tais como professores e missionários.

D. Serviço de Segurança Social. Este serviço tem por objetivo distribuir fundos de auxílio a todos os pobres e necessitados.

9) Juntamente com a reorganização da instituição Baitul Maal, bem como a concretização de

uma das funções do Estado Islâmico, nomeadamente a função de segurança social, o Califa Umar formou um sistema de diwan (conselho) que, na opinião mais forte, começou a ser pregado pela primeira vez em 20 H (Ra'ana 1997: 155). Nomeia um conhecido comité nassab, composto por Aqil bin Abi Talib, Mahzaman bin Naufal e Jabir bin Mut'im, para elaborar um relatório de recenseamento da população de acordo com o nível de interesse e de classe (Ra'ana, 1997: 156). A lista é organizada em sequência, começando pelas pessoas que têm um laço de parentesco com o Profeta Muhammad SAW, os amigos que combateram na batalha de Badr e Uhud, os imigrantes na Abissínia e em Madina, os guerreiros de Qadisiyyah ou os que participaram no tratado de Hudaibiyah, etc. As mulheres, as crianças e os escravos beneficiam igualmente de prestações sociais (Sabzwari, 1985: 50). O montante dos subsídios atribuídos a cada classe em cada ano é variável. Em geral, o montante das prestações que lhes são concedidas é o indicado no quadro 2.1 (Sabzwari, 1985: 50):

Quadro 2.1
Grandes ajudas de custo de cada grupo no Califa Umar Prioridade

Não	Beneficiários	Dirham/pessoa
1	Aisyah & Abbas Bin Abdul Muthalib	12,000
2	A mulher do Profeta, exceto Aisyah	10,000
3	Ali, Hasan, Husain e os combatentes de Badar	5,000
4	Os combatentes de Uhud emigraram para a Abissínia	4,000
5	Os muhajirin antes dos acontecimentos de Fathul Mecca	3,000
6	Os filhos dos combatentes de Badr, os que abraçaram o Islão durante os acontecimentos de Fatul Meca, os filhos dos Muhajirins e dos Ansar, os guerreiros de Qadisiyyah, Ubalia e os que participaram no tratado de Hudaibiyah	2,000
7	Os habitantes de Meca não são muhajirin	800
8	Os muçulmanos que vivem no Iémen, na Síria, no Iraque	200-300
9	Recém-nascidos e não reconhecidos	100
10	Residentes de Madina	25 dinares
11	Subsídio de reforma dos muçulmanos	trigo, óleo, mel, vinagre com uma quantidade fixa

Fonte: Ra'ana, 1997:155-156 & Sabzwari, 1985:50

De acordo com o quadro 2.1 acima, verifica-se que os habitantes de Meca que não faziam parte dos muhajirins recebiam um subsídio de 800 dirhams, os residentes de Madina 25 dinares, os muçulmanos que viviam no Iémen, na Síria e no Iraque recebiam um subsídio de 200 a 300 dirhams, os nascidos e os filhos não reconhecidos recebiam 100 dirhams cada um. Além disso, os muçulmanos recebem prestações de reforma sob a forma de trigo, óleo, sagu e vinagre, num montante fixo. A qualidade e o tipo de bens variam consoante a região.

O papel do Estado, que é responsável pelo fornecimento de alimentos e vestuário a todos os cidadãos deste país, é a primeira coisa que aconteceu em toda a história do mundo (Ra'ana,

1997: 160.). O subsídio é o primeiro no mundo em que o governo é responsável pelas necessidades básicas dos cidadãos. O sistema de pagamento dos salários dos veteranos e dos funcionários políticos era espantoso na altura. O califa Umar Bin Khattab aplicou o princípio da virtude e distribuiu o Baitul Maal. Defende que as dificuldades enfrentadas pelos muçulmanos devem ser tidas em conta na determinação da quota-parte de uma pessoa na propriedade do Estado e, por conseguinte, a justiça que deseja o homem e a mão de obra dedicada à luta do Islão devem ser mantidas e retaliadas em conformidade (Afzalurrahman 1995: 164).

A política do califa de Umar Bin Khattab suscitou a reação de um dos amigos do juiz Hizam. Segundo ele, neste caso, as acções de Umar desencadeariam o nascimento da preguiça entre os comerciantes, que seria fatal para a sua própria sobrevivência, se o governo pusesse termo a esta política. Este aviso provou ser verdadeiro quando os benefícios dos comerciantes foram suspensos durante o califado da dinastia abássida, o Hijaz tornou-se uma cidade improdutiva e não conseguiu recuperar a sua vitalidade (Sabzwari, 1985). Os muçulmanos e os historiadores acreditam que, na sua essência, a política do califa omíada Khattab se limitava a honrar aqueles que se esforçaram por lutar e defender a religião do Islão nos primeiros tempos da sua presença. O próprio califa não queria que se formasse um grupo preconceituoso na sociedade ou que os árabes se tornassem preguiçosos e dependentes (Sabzwari, 1985). Isto reflecte-se, pelo menos, no seu arrependimento em relação ao futuro. O califa Umar Bin Khattab apercebeu-se de que a forma como a política era adoptada era errada, porque tinha um impacto negativo nos estratos sociais e na vida da comunidade. Estava determinado a alterar a política se ainda lhe fosse dada a oportunidade de viver (Afzalurrahman, 1995: 165). No entanto, o califa Umar Bin Khattab foi morto antes de o seu plano ser concretizado. Esta ideia será concretizada pelo terceiro califa, Usman bin Affan.

2.3.2 Propriedade de terrenos

Ao aplicar as terras conquistadas, o califa Umar Bin Khattab não as dividiu pelos muçulmanos, mas deixou-as aos seus proprietários com a condição de pagarem o kharaj e o jizyah (Ra'na, 1997: 34). O califa argumentou que as conquistas efectuadas durante o seu governo incluíam uma terra tão vasta que, quando distribuída, o receio levaria à prática de senhorios (Ra'na, 1997: 34). O califa Umar Bin Khattab também proibiu os árabes de se tornarem agricultores por não serem especialistas. Segundo ele, o ato de dar terras agrícolas a quem não é especialista é o mesmo que privar os direitos públicos (Ra'na, 1997: 34).

Afirmou também que o Estado tem o direito de se apoderar das terras que não são utilizadas pelo proprietário e de as indemnizar adequadamente (Ra'na, 1997: 34). A maioria das fontes de receitas fiscais do al-kharaj provém dos reinos romano e persa, o que exige um sistema administrativo pormenorizado para a recolha e distribuição das receitas provenientes dos impostos fundiários. Com base neste facto, o califa Umar Bin Khattab enviou Usman bin Hunaif al-Ansari para efetuar um levantamento dos limites das terras em Sawaad. Com base nos resultados do levantamento, a área de terra é de 36 milhões de jarib e cada jarib é determinado em número. Depois disso, Utsman enviou a sua proposta ao califa para aprovação (Sabzwari, 1994). O califa Umar Bin Khattab aplicou as seguintes regras (Sabzwari, 1994) 1) O território do Iraque conquistado pela força pertence aos muçulmanos e esta posse é inviolável, enquanto a parte do território abrangida pelo tratado continua a pertencer ao anterior proprietário e a propriedade pode ser transferida.

2) O kharaj é cobrado a todas as terras da primeira categoria, mesmo que o proprietário abrace o Islão. Por conseguinte, estas terras não podem ser convertidas em solo "ushr".

3) Aos antigos proprietários de terras são concedidos direitos de propriedade, desde que paguem o kharaj e o jizah.

4) As terras que não são ocupadas ou plantadas (terras mortas) ou as terras que são reclamadas de novo (como Bashra) quando processadas pelos muçulmanos são tratadas como "terras ushr".

5) Em Sawaad, o Kharaj é cobrado a um dirham e a um rafiz (uma medida local) de trigo e cevada (uma espécie de trigo), desde que o solo seja irrigável. Os preços são mais elevados para o ratbah (ervas ou cravos-da-índia) e as plantações.

6) No Egipto, nos termos do acordo de Amar, é cobrado a cada proprietário de terras um imposto de dois dinares, para além de três iradabs de trigo, bem como dois qist por cada óleo, vinagre, mel, e este projeto foi aprovado pelo califa.

7) O Tratado de Damasco (Síria) contém pagamentos em dinheiro, a distribuição de terras com os muçulmanos, o imposto de um dinar para cada pessoa e um jarib (unidade de peso) produzido por jarib (medida) de terra.

2.3.3 Zakah

A questão do zakah no tempo do califa Umar tem muito a ver com a renovação, especialmente no que diz respeito à propriedade do zakah. O governador de Ta'if, na altura, informou que os proprietários dos ninhos de abelhas (abelhas) não pagavam o 'ushr, mas queriam que as abelhas fossem oficialmente protegidas. Umar disse que, se quisessem pagar o 'ushr, as suas colmeias seriam protegidas, mas que, se recusassem, não teriam proteção. De acordo com a narração de Abu Ubaid, Umar distingue o mel das montanhas e dos campos. O zakah aplicado é o décimo para o primeiro mel e um décimo para o segundo tipo de mel. No tempo do Profeta Maomé, o número de cavalos na Arábia era ainda muito reduzido, especialmente os cavalos pertencentes aos muçulmanos, uma vez que eram utilizados para as necessidades pessoais e para a jihad (luta ou esforço no caminho ou em nome de Alá). Por exemplo, na Batalha de Badr, o exército muçulmano de 313 pessoas tinha apenas 2 cavalos. Na altura do cerco a Bani Quraizha (5H), o exército muçulmano tinha 36 cavalos. No mesmo ano, em Hudaybiyah, tinham cerca de duzentos cavalos. Uma vez que o zakah é imposto sobre os bens que têm produtividade, um escravo ou um cavalo pertencente aos muçulmanos não é tributado (Sabzwari, 1994).

No período que se seguiu, as actividades pecuárias e o comércio de cavalos foram fortemente desenvolvidos na Síria e noutras zonas do poder islâmico. Alguns cavalos têm um valor de venda elevado, tendo mesmo sido narrado que um cavalo árabe Taghlabi está avaliado em 20 000 dirhams e que os muçulmanos estão envolvidos neste comércio. Encorajados pela ascensão do comércio de cavalos, perguntaram a Abu Ubaidah, o Manato da Síria na altura, sobre a obrigação de pagar o zakah dos cavalos e dos escravos. O governador informa-o de que não há zakah para ambos. Continuaram a propor ao califa que fixasse o zakah para ambos, mas o pedido não foi aceite. Dirigiram-se então a Abu Ubaidah e insistiram no pagamento. Por fim, o governador escreveu uma carta ao califa e este respondeu-lhe que o governador deveria receber o pagamento do zakah e distribuí-lo pelos pobres e pelos escravos. Desde então, o zakah dos cavalos tem sido atribuído a um denário ou numa base ad valorem, como um dirham por cada quarenta dirhams (Sabzwari, 1994).

Abu Bakr, que fixou o zakah sobre a guerra, uma espécie de erva herbácea utilizada para fazer pó e perfume. O califa Umar aplicou khums de Zakah sobre a borracha encontrada na península do Iémen, entre Aden e Mukha, e também sobre os produtos do mar, porque estes artigos são presentes / sustento de Alá SWT (o mais glorificado, o mais elevado). Thaif é conhecido como apicultor e, de acordo com algumas narrações, Bilal foi ter com o Profeta SAW com 'ushr sobre o seu mel e pediu-lhe que lhe fosse reservado o vale de Salba. O seu pedido foi aceite pelo Profeta SAW (Sabzwari, 1994).

2.3.4 Ghanimah

Os despojos de guerra eram uma importante fonte de rendimento durante o Califa Umar bin Khattab. Qualquer que fosse o seu espólio, deviam distribuir 1/5 na Madina Baitul Maal, como centro do tesouro do Estado. O resultado dos despojos de guerra é muito elevado (Ra'ana, 1997: 139).

Sa'ad, que se tornou senhor da guerra, após a guerra de Qadisia, distribuiu o espólio pelos combatentes depois de ter reservado um quinto da sua parte para o baitul maal. A cada cavaleiro são atribuídos 6000 dirhams e a um membro da infantaria 2000. Os soldados que tenham demonstrado a habitual proficiência em coragem recebem 500 dirhams como bónus. Hilal bin Ilqam, que matou os senhores da guerra persas (Rustam), recebeu 70 000 dirhams. Do mesmo modo, Zuhrah bin Huwayyah (Ra'ana, 1997: 139).

Os despojos de guerra de Ma'adin são a maior fonte de rendimento. Os historiadores que asseguram as riquezas dos imperadores persas sob o domínio muçulmano não existem, mas são abundantemente constituídas por ouro, prata, pérolas, pedras preciosas e artesanato de ouro e prata. Segundo alguns historiadores, o dinheiro está avaliado em 300 mil milhões de dinares. A lista do espólio inclui um piso do edifício que os reis sassânidas (persas) utilizavam para a festa. Há também um mapa da terra feito de ouro, enquanto os rios e canais são feitos de pérolas. O andar é enviado para Madina para ser dividido entre os muçulmanos (Ra'ana, 1997: 139).

Para além de Ma'adin, o espólio de guerra de Jahulah é também bastante grande, estando estimado em 30 milhões de dirhams. Contrariamente a Ma'adin, os despojos de guerra que os muçulmanos obtêm deste local são apenas animais de carga, jóias e escravos. Os membros das forças equestres receberam, cada um, 9000 dirhams e nove animais de carga.

2.3.5 Ushr

O ushr é uma espécie de imposto sobre as vendas, atualmente um tipo de IVA. Antes da chegada do Islão, cada tribo ou grupo que vivia no campo pagava normalmente um imposto (ushr) de compra e venda (maqs) se entrasse numa cidade comercial. O montante corresponde a dez por cento do valor dos bens ou a um dirham por cada transação. No entanto, depois de o Islão ter estado presente e se ter tornado um país soberano na Península Arábica, o Profeta tomou a iniciativa de incentivar o comércio, abolindo os direitos de importação interprovinciais que entravam no território e celebrou um tratado assinado por ele e pelas tribos sujeitas ao seu poder. No entanto, no tempo de Umar, o ushr voltou a ser imposto aos comerciantes. O ushr é também imposto aos agricultores. A imposição de um décimo dos produtos agrícolas aos comerciantes de Manbij (Hierápolis) é referida pela primeira vez no tempo de Umar (Ra'ana, 1997: 139).

Os Manbijs são harbi (não-muçulmanos que se encontram ilegalmente em terras muçulmanas) que pedem autorização ao califa para entrar no país muçulmano para fazer comércio, pagando um décimo do valor das mercadorias. Depois de consultar outros amigos, Umar deu-lhes autorização. Houve um caso especial em que Abu Musa Al-Ashari escreveu uma carta a Umar em que afirmava que os comerciantes muçulmanos eram tributados com um décimo por causa de Harbi. O califa Umar desaconselhou o reembolso, impondo-lhes um imposto normal de compra e venda. Existem diferentes versões consoante o seu tamanho. As mais utilizadas são 2,5% para os comerciantes muçulmanos, 5% para os kafirs dhimmi e 10% para os harbis, partindo do princípio de que o preço dos bens excede duzentos dirhams. De acordo com Ziyad bin Hudair, um sequestrador ou um coletor de ushr na ponte do Eufrates, diz que, normalmente, cobramos ushrs apenas aos comerciantes romanos. Explicou que aos harbi kafir que vivem num Estado islâmico por um período igual ou inferior a seis meses são cobrados dez por cento e, se prolongarem a sua estadia por um ano, são tributados em 5% (Ra'ana, 1997: 139). O ushr é cobrado a um objeto apenas uma vez por ano.

Os postos de recolha do ushr estão situados em diferentes locais, incluindo a capital. De acordo com Saib bin Yazid, a coleta de ushrs nos mercados de Madina, os nabateus que comercializavam em Madina eram também tributados em geral, mas, passado algum tempo, Umar Bin Khattab reduziu a sua percentagem para 5% para o petróleo e o trigo, para encorajar a importação de bens na cidade (Ra'ana, 1997: 139).

2.3.6 Esmolas de não muçulmanos

Em princípio, os não muçulmanos não estão sujeitos à shadaqah. A shadaqah é frequentemente utilizada como zakah. Tanto a shadaqah como o zakah têm dimensões de adoração, pelo que as obrigações impostas aos não-muçulmanos não são referidas como shadaqah ou zakah, mas vulgarmente conhecidas como jizyah. No entanto, nessa altura, o povo do livro ainda queria pagar o shadaqah e não o jizyah.

Baladzuri, no livro Futuhul Buldan, narrou que nenhum escriba paga esmola pelo seu gado, exceto os cristãos Bani Taghlib, cuja riqueza total é o gado. Pagam o dobro do que pagam os muçulmanos. Os Bani Taghlib eram uma tribo árabe cristã convicta na guerra. Umar impôs-lhes o jizyah, mas eram demasiado prestigiados para se recusarem a pagar o jizyah, pelo que optaram por dar esmolas. Nu'mun Bin Zuhra justificou o seu caso dizendo que, no fundo, não era sensato tratá-los como inimigos e que deviam ter a coragem de ser bens do Estado. Umar convocou-os e aprovou a esmola a pagar-lhes, na condição de concordarem em não batizar a criança para aceitarem a sua crença. Concordaram em pagar uma dupla caridade (Ra'ana, 1997: 139). Os muçulmanos concordam que a imposição obtida dos Bani Taghlib não deve ser gasta, assim como o kharaj, uma vez que a esmola é um reembolso do imposto (Ra'ana, 1997: 139).

2.3.7 Moeda

Durante o califado do Profeta e durante o califado de Khulafaur Rashidin, foram conhecidas na Península Arábica moedas do califado focal de vários pesos, tais como dinares, moedas de ouro, e dirhams, uma moeda de prata.

Desde o tempo do Profeta, a moeda utilizada é o dinar (de origem romana) e o dirham   (de origem   persa), muito conhecidos   na Arábia

No início do califado de Umar, pensou-se em imprimir dinheiro a partir da pele, mas foi cancelado, porque não foi aprovado por outros companheiros, por razões de não ser demasiado durável e intrínseco, não podendo igualar o ouro e a prata. No tempo do califa de Umar, a moeda do Khilafah foi impressa, mas seguindo o estilo persa do dirham, com as alterações da escrita listada na moeda em escrita árabe. No tempo de Umar, os cheques e as notas promissórias eram habitualmente utilizados nas transacções comerciais. Umar bin Khattab utilizou este instrumento para acelerar a distribuição de mercadorias recentemente importadas do Egipto para Madina. O novo instrumento de factoring (1980), introduzido no tempo do Profeta com o nome de Al-hiwalah, continuou também no tempo dos khulafaur rashidin, mas certamente sem juros. O peso do dinar é igual a um mistqal ou igual a vinte qirat ou cem grãos de cevada. A relação entre um dirham e um mistqal é de sete décimos.

2.3.8 Classificação e afetação das receitas do Estado

A política governamental relativa às receitas do Estado consiste em distribuir todas as receitas recebidas. Esta política mudou no tempo de Umar Bin Khattab. Nessa altura, as receitas aumentaram consideravelmente e o Baitul Maal foi estabelecido de forma permanente no centro da capital e na capital da província. Durante o seu califado, o califa Umar Bin Khattab classificou as receitas do Estado em quatro partes, nomeadamente (Ra'ana, 1997: 139).

A. Rendimento do Zakah e 'ushr. Este rendimento islâmico é distribuído localmente; se o rendimento for excedentário, o rendimento residual é guardado no Baitul Maal central e distribuído pelos oito ashnafs, tal como prescrito no Alcorão.

B. Rendimento de khums (20% de Rikaz e ghanimah) e esmolas não zakah. Este rendimento é distribuído aos pobres e para o seu bem-estar, sem distinguir se são muçulmanos ou não. Numa narração, a caminho de Damasco, o califa Umar encontrou-se com um cristão que sofria de elefantíase. Ao ver isto, o califa Umar ordenou aos seus funcionários que fornecessem fundos à pessoa, que eram retirados do rendimento das esmolas e dos alimentos que eram retirados do inventário dos oficiais.

C. Receitas do ushr, rendas fundiárias e fai 'que incluem o kharaj e o jizyah. Estas receitas são utilizadas para pagar pensões e subsídios e para cobrir as necessidades das operações administrativas, as necessidades militares e, em parte.

D. Outros rendimentos. Estes rendimentos são utilizados para pagar aos trabalhadores, o sustento de crianças abandonadas, etc.

2.3.9 Despesas

A mais importante afetação de despesas públicas do tesouro do Baitul Maal é o fundo de pensões. As prioridades seguintes são os fundos de defesa do Estado e os fundos de desenvolvimento. O califa Umar colocou os fundos de pensões na primeira ordem, sob a forma de rações mensais (arzaq), em 18 H, e depois em 20 H, sob a forma de rações anuais (atya). Os fundos de pensões são criados para os que vão ser e foram recrutados para as forças armadas. Este fundo de pensões é igual aos salários regulares do exército e das forças de reserva e recompensa os que contribuíram. Algumas pessoas com mérito (sharaf), como a mulher de Rasulullah SAW ou as viúvas e os filhos dos guerreiros que morreram. Os não muçulmanos que estão dispostos a participar nas forças armadas são igualmente recompensados (Ra'ana, 1997: 139). O fundo inclui igualmente os salários pagos aos funcionários públicos. A alguns beneficiários do fundo de pensões foi também atribuída responsabilidade civil, mas não são pagos por isso. O califa Umar como combatente de Badr foi também selecionado para receber o prémio de 5.000 dirhams. A partir de então, não voltou a pedir qualquer (ordenado ou salário) ao Baitul Maal. Aqueles que não participavam nas forças armadas, como os meca, os aldeões (agricultores, criadores de gado e outros), os comerciantes e os artesãos, não recebiam a pensão (Ra'ana 1997: 139).

O sistema de gestão do fundo de pensões e as rações são bem geridos. Durante o período de 24

No que se refere às pensões, o fundo de pensões é pago duas vezes por ano, enquanto o fornecimento de rações é efectuado mensalmente. A administração do fundo de pensões é composta por duas partes: a primeira contém os registos de recenseamento e o montante a que o beneficiário tem direito e a segunda contém a declaração de rendimentos. Os fundos são distribuídos por uma pessoa responsável por dez beneficiários (Ra'ana, 1997: 139).

O exército é composto por cavaleiros e soldados. As tropas de cavaleiros estão armadas com proteção, espada ou lança, flechas e setas. A grandeza deste exército reside na mobilização muito elevada, na paciência e na perseverança do coração. As tropas são sempre bem providas de mantimentos e equipamentos e as longas viagens são efectuadas em camelos. Inicialmente, as tropas estabeleceram acampamentos construídos com palmeiras. Umar deu então instruções para criar um edifício ou distrito permanente. Foram construídos quartéis-generais militares em Bashra, Kufa, Fatsal, Qairawan, entre outros. Foram também construídos quartéis-generais militares em vários outros locais. As despesas com estes assuntos incluem a parte das despesas do fundo de defesa do Estado (Ra'ana, 1997: 139).

O poder judicial é exercido por um juiz civil, vulgarmente designado por juiz ou qazis, nomeado por Umar, que é independente e leal ao governo. O califa Umar é um líder islâmico que fixa os salários dos juízes e constrói o seu gabinete à parte do gabinete executivo. Constrói também um sistema de administração governamental islâmico e divide as áreas conquistadas numa organização governamental bem organizada, permitindo que os seus representantes na região desenvolvam várias fontes de financiamento nas respectivas regiões (Ra'na, 1997: 139).

O califa Umar também fixou e determinou como primeira prioridade a melhoria económica na agricultura e no comércio. Para atingir este objetivo, no Egipto, na Síria, no Iraque e no Sul da Pérsia, foram efectuadas medições campo a campo e a avaliação foi feita de forma uniforme. Os resultados das medições destes solos formam um autêntico catálogo que, para além de ilustrar as regiões exteriores, ilustra também a qualidade da terra, a produção natural, o carácter, etc. A rede de canais foi estabilizada e em torno dos rios Tigre e Eufrates sob supervisão especial.

A fim de facilitar a comunicação direta entre o Egipto e a Arábia, o califa Umar restaura o canal entre o Nilo e o Mar Vermelho, há muito inutilizado. A construção desta rede foi concluída em menos de um ano. A construção dos canais não só facilitou a expedição de navios de carga do Egipto para Yanbu e Jeddah, o que foi muito útil quando houve fome em 18H, como também o preço do arroz baixou permanentemente no mercado de Madina e Meca

(Ra'ana, 1997: 139).

O califa Umar introduziu também o sistema de vigilância e patrulha nocturna e criou e subsidiou escolas e mesquitas em todo o país. Assegura igualmente que os peregrinos e os viajantes possam usufruir de água e de instalações de repouso ao longo da estrada Meca-Madina, bem como a construção de depósitos de alimentos e de armazéns onde são necessários abastecimentos e equipamento (Ra'ana, 1997: 139). Tal como Rasulullah SAW, o califa Umar declarou que o Estado era responsável ou pagou as dívidas de pessoas falidas ou que caíram na pobreza, pagou o resgate de prisioneiros muçulmanos, pagou o diyat de certas pessoas e pagou as viagens da delegação e a troca de presentes com outros países. Em desenvolvimentos posteriores, quando a condição do Baitul Maal é considerada suficientemente forte, acrescenta outras despesas e transforma-as em obrigações do Estado, como a concessão de empréstimos para o comércio e o consumo. (Ra'ana, 1997: 139).

2.3.10 Mecanismo de mercado

Os mecanismos de mercado estão a funcionar normalmente, não há controlo de preços, mas Umar continua a tentar obter informações sobre a situação dos preços no mercado, mesmo sobre o preço de bens de difícil acesso. O califa Umar deslocava-se muitas vezes diretamente aos mercados. Se houvesse sintomas de irregularidades, repreendia-os e dizia: "Quem pode negociar neste mercado são aqueles que compreendem as regras".

O Instituto Hisbah, responsável pelo controlo dos preços e pela supervisão do mercado, continua a funcionar. Tal como no tempo do Profeta, também no tempo de Omar, os muhtasib (as pessoas que têm assento na instituição al-hisbah) efectuam frequentemente inspecções aos mercados. O principal objetivo é controlar a situação dos preços que se está a desenvolver, quer seja normal ou um aumento dos preços, quer seja devido à escassez de bens ou a outros factores que não são justos. Com os resultados desta inspeção, a equipa de fiscalização obtém dados objectivos que podem ser seguidos como resposta (Agustianto, 2002: 75).

O princípio adotado por Umar RA na distribuição do zakah, dos benefícios e do excesso de rendimentos do Estado é o princípio da virtude. Mas, na altura da sua morte, Umar RA reconheceu a superioridade do princípio da igualdade aplicado por Abu Bakr RA. Umar estava determinado a mudar a sua política se lhe fosse dada a oportunidade de viver. No entanto, os muçulmanos e os historiadores acreditam que a intenção de Omar de recompensar os combatentes islâmicos num período inicial muito persistente não é de modo algum encorajar as pessoas a serem preguiçosas para trabalhar. Por fim, Umar Bin Khattab morreu a 1 de Muharram 23 H / 644 d.C., 3 dias depois de ter sido esfaqueado por um escravo persa antes da oração do Fajr na mesquita de Nabawi. A idade do seu califado era de 10 anos, 6 meses e 4 dias.

2.4. O governo do califa Utsman Bin Affan

Durante os primeiros seis anos do seu governo, o califa Utsman Bin Affan adoptou um novo regime, pondo em prática as políticas de Umar Bin Al-Khattab. A fim de desenvolver os recursos naturais, empreende o fabrico de vias aéreas, a construção de estradas e a construção de organizações. O Califa Utsman Bin Affan também formou uma frota de muçulmanos sob o comando de Muawwiyah, para conseguir estabelecer a supremacia marítima   na

região   do Mediterrâneo .

Leodiceia e os territórios da península síria, Trípoli e Baca, no Norte de África, tornaram-se o primeiro porto do Estado Islâmico. No entanto, o governo de Utsman Bin Affan tem de fazer circular o orçamento não pouco para acomodar a marinha (Sabzwari, 1994).

O califa Utsman Bin Affan não recebia qualquer salário do seu cargo. De facto, ele aliviava o governo em assuntos sérios, mesmo na tesouraria do Estado. Este facto levou a um mal-entendido com Abdullah Bin Irqam, tesoureiro do Baitul Maal. O conflito fez com que Abdullah não só rejeitasse o salário do seu trabalho, como também se recusasse a assistir a todas as reuniões públicas em que participava o Califa. Este problema complicou-se ainda mais quando várias declarações controversas sobre as despesas do tesouro do Baitul Maal não estavam a ser cautelosas (Sabzwari, 1994).

O califa Utsman Bin Affan manteve um sistema de ajuda e compensação e concedeu grandes somas de dinheiro a diferentes comunidades. Apesar de acreditar no princípio da igualdade na satisfação das necessidades básicas da sociedade, presta uma assistência diferente a um nível superior (Afzalurrahman, 1995: 169-173). Assim, na distribuição dos tesouros do Baitul Maal, o califa Utsman Bin Affan aplicou o princípio da virtude, tal como Umar Bin Khattab. Em termos de gestão do zakah, o califa Utsman Bin Affan delegou a autoridade para avaliar os bens do zakah nos respectivos proprietários. Esta medida foi tomada para proteger o zakah de várias perturbações e problemas na análise da riqueza que não é clara para alguns colectores do zakah (Sabzwari, 1994). O califa Utsman também defendeu que o zakah só é imposto sobre o património de uma pessoa depois de deduzidas todas as dívidas em questão. Também reduziu o zakah do fundo de pensões. Durante o seu califado, criou um fundo de pensões de 100 dirhams, para além de fornecer rações adicionais sob a forma de vestuário.

Introduziu também a tradição da distribuição de alimentos na mesquita aos pobres e aos viajantes (Sabzwari, 1994).

Para aumentar as despesas com a defesa e a marinha, aumentar os fundos de pensões e o desenvolvimento das novas zonas conquistadas, o Estado precisa de fundos adicionais. Por conseguinte, o califa Utsman Bin Affan procedeu a uma mudança na administração de alto nível e à substituição de alguns governadores. Como resultado, o número de importações de kharaj e jizyah do Egipto duplicou, ou seja, de 2 milhões de dinares para 4 milhões de dinares, após a passagem de Gurbernur de Amr para Abdullah bin Sa'ad. No entanto, este facto é criticado por Amr. Segundo ele, as elevadas receitas obtidas pelo governador Abdullah bin Saad são o resultado da extorsão do governante/autoridade contra o seu povo (Sabzwari, 1994).

Na esperança de proporcionar rendimentos adicionais ao Baitul Maal, o califa Utsman Bin Affan implementou uma política de distribuição de terras do Estado a particulares para fins de recuperação. Graças a esta política, o Estado obtém um rendimento de 50 milhões de dirhams, ou seja, um aumento de 41 milhões de dirhams em relação ao período de Umar Bin Khattab, que não dividiu as terras (Sabzwari, 1994). Apesar de não existir uma política de controlo de preços, tal como outros califas que anteriormente não entregavam o nível total de preços às autoridades, tentou manter uma informação precisa sobre as condições de preço do mercado, mesmo em relação a um artigo de difícil acesso. O califa Utsman Bin Affan discutia sempre o nível de preços prevalecente no mercado com todos os muçulmanos que terminavam as orações congregacionais (Sabzwari, 1994).

No início do segundo semestre do período de Utsman Bin Affan, a situação económica não sofreu alterações significativas. As várias políticas do califa de Utsman Bin Affan, que beneficiaram grandemente a sua família, provocaram uma profunda desilusão na maioria dos muçulmanos. Consequentemente, nesta altura, o seu governo foi mais demolido pela agitação política que terminou com o assassinato do califa.

Os primeiros 6 anos de liderança de Usman RA correram bem, com o programa a expandir-se e a defender a região dos seus antecessores. Usman RA conseguiu compilar o Alcorão Sagrado, sob a direção de Zaid Bin Sabit, e foi enviada uma cópia para os territórios do governador como guia para a recitação do verdadeiro Alcorão. Infelizmente, os seis anos seguintes de liderança foram repletos de corrupção, conluio e nepotismo, colocando irmãos dos omíadas em posições estratégicas. O califa de Utsman negou o facto, afirmando que as propriedades dos seus irmãos provinham dos seus bens pessoais, o que ficou provado, tornando-o mais pobre do que antes de se tornar califa. Por fim, Utsman foi morto, fruto da traição de muitos egípcios, iraquianos e árabes, aos 12 anos de califado, a 13 de junho de 656/35 H. O governo do califa de Utsman foi o mais longo de Khulafaur Rashidin.

2.5. O governo do califa Ali Bin Abi Talib

Após a morte de Utsman, no quinto dia após o assassinato do terceiro califa, Ali foi eleito por unanimidade para o cargo de califa, em substituição de Usman. Ali descreveu as directrizes políticas no seu primeiro discurso. Imediatamente após a sua nomeação, tomou algumas decisões ou acções, tais como a demissão de funcionários corruptos, a reabertura de terras de cultivo que tinham sido concedidas às pessoas favoritas de Utsman e a distribuição das receitas fiscais anuais de acordo com as disposições estabelecidas por Umar Bin Al-Khattab (Orphans, 1994: 39).

O período de governo do califa Ali Bin Abi Talib, que durou apenas seis anos, foi sempre marcado pela instabilidade da vida política. Teve de enfrentar a rebelião de Thalhah, Zubair Bin Awwam e Aisha, que exigiram a morte de Uthman Bin Affan. As várias políticas rigorosas que impôs provocaram um fogo hostil com as famílias dos Omíadas, lideradas por Muawiyyah Bin Abi Sofyan. A revolta também partiu dos Khawarij, antigos apoiantes do califa Ali Bin Abi Talib, desiludido com a decisão de tahkim (árbitro) na guerra de Shiffin.

O califa Ali Bin Abi Talib esforça-se por implementar várias políticas susceptíveis de promover o bem-estar dos muçulmanos. De acordo com uma narração, Ali retirou-se voluntariamente da lista de beneficiários do Baitul Maal e, segundo a história, contribuía com 5000 dirhams por ano. Independentemente dos factos, a vida de Ali é muito simples e muito rigorosa na utilização das finanças públicas. Uma história revela que o seu irmão, Aqil, visitou o califa Ali Bin Abi Talib para pedir ajuda financeira aos fundos Baitul Maal. Ali recusou o pedido. Noutra narração, o califa Ali prendeu uma vez Gurbernur Ray, que se considerava ter cometido um ato criminoso de corrupção (Sabzwari, 1985: 63).

A política monetária de Ali bin Abi Talib

1) A política monetária do califado de Ali continuou a política do Profeta 2) Em geral, a moeda utilizada é o dinar e o dirham, mas Ali teve a ideia de imprimir a sua própria moeda.

3) O grande avanço de Ali no domínio monetário é a impressão monumental da moeda dinar, que tem características especiais, não imita o denário romano, mas a sua circulação é muito limitada, porque a situação política na altura era muito instável. A concentração do califa

nessa altura estava mais virada para as questões políticas caóticas, como a guerra dos camelos e a guerra do siffin.

4) Os factos históricos comprovam a descoberta de Ali. Num dos museus de Paris, foi encontrada uma coleção de quatro moedas relíquia do Califado Islâmico. Entre elas, até à data, é considerada a única no mundo como uma relíquia da história da moeda. A moeda foi impressa durante o governo de Ali RA. As outras três são moedas de prata impressas em Damasco e Merv por volta dos anos 60-70 Hijriyah. A moeda de Ali bin Abi Talib pode ser vista na figura 2.1:

Figura 2.1
Moeda de Ali bin Abi Talib Fonte: Agustianto et al., 2009

Relativamente a questões fiscais, especialmente em termos de entradas de dinheiro do Estado, o califa Ali Bin Abi Talib impôs um imposto de 4000 dirhams aos proprietários florestais e permitiu que Ibnu Abbas, governador de Kuffah, cobrasse o zakah sobre os legumes frescos a utilizar como especiarias para cozinhar. A história regista que Ali não participou na reunião do conselho da Shura em Jabiyi, organizada pelo califa Umar para discutir alguns assuntos importantes relacionados com as terras conquistadas. A reunião acordou não distribuir o rendimento total do Baitul Maal, mas mantê-lo como reserva. Ali rejeitou todo o acordo. Por conseguinte, quando exerceu o cargo de Califa, Ali distribuiu todas as receitas e provisões do Baitul Maal em Madina, Bassorá e Kuffah. Ali queria distribuir os tesouros do Baitul Maal em Sawad, mas não conseguiu evitar a ocorrência de disputas entre os muçulmanos (Sabzwari 1985: 63).No governo de Ali Bin Abi Talib, foi introduzido o princípio fundamental da distribuição equitativa dos dinheiros públicos. Pela primeira vez, foi adotado o sistema de distribuição semanal. A quinta-feira é o dia da distribuição ou o dia do pagamento. Nesse dia, todos os cálculos são efectuados e todos os sábados se inicia uma nova contagem. Esta pode ser a melhor solução, tendo em conta o período de transição. O califa Ali aumentou o subsídio dos seus seguidores no Iraque (Sabzwari, 1985: 63).

No período do califa Ali Bin Abi Talib, a afetação das despesas manteve-se mais ou menos igual à do governo de Umar. As despesas com a marinha aumentaram em número no tempo do califa Utsman Bin Affan, quase totalmente eliminadas porque ao longo da costa da Síria, da Palestina e do Egipto se encontram sob o domínio de Mua'wiyah. A existência de guardas noturnos e de patrulhas que tinham sido estabelecidas desde o governo do califa Umar, Ali formou uma polícia oficialmente organizada chamada syurthah e o seu líder recebeu o título de Shahibus Syurthah. As outras funções do Baitul Maal permaneceram inalteradas e não houve qualquer atividade de desenvolvimento significativa nessa altura (Sabzwari, 1985:63). O califa Ali tinha um conceito claro de governação, de administração geral e dos problemas que lhe estavam associados. Este conceito é descrito na sua famosa carta dirigida a Malik Ashter bin Harith. A longa carta descreve, entre outras coisas, os deveres, as obrigações e as responsabilidades das autoridades, ao regular as prioridades da aplicação da justiça e a supervisão dos altos funcionários e do seu pessoal; explica as vantagens e desvantagens dos procuradores, juízes e outros funcionários judiciais; descreve os rendimentos do pessoal administrativo e as aquisições do tesoureiro. Esta carta explica a sua relação com a sociedade civil, o poder judicial e as forças armadas. Ali sublinhou que Malik deveria prestar mais atenção ao bem-estar dos soldados e das suas famílias e que deveria comunicar diretamente com a comunidade através de reuniões abertas, especialmente com os pobres, os perseguidos e os deficientes. Na carta, há também instruções para combater a corrupção e a opressão, controlar o mercado e combater os bandidos, a acumulação de stocks e o mercado negro. Em suma, esta carta descreve as políticas do califa Ali Bin Abi Talib, cujos conceitos são, de facto, amplamente citados na administração pública (Sabzwari, 1985:   63).

Com base na descrição acima, a política adoptada na época do califa Ali RA é, em geral, a seguinte

1) Retirar as terras e as subvenções estatais concedidas à família de Usman quando o califa de Utsman chegou ao poder.

2) Substituição de funcionários e governadores que não são favorecidos pelo povo. 3) Houve uma guerra civil entre muçulmanos, a guerra de Jamal (guerra dos camelos), entre os partidários de Ali e Aisyah (esposa do Profeta SAW) e a guerra contra Muawiyah e os seus partidários, que acabaram por controlar a Síria e o Egipto. 4) A capital foi transferida de Madina para Kufa

No final da sua vida, a 17 de Ramadão do ano 40 H (661 d.C.), Ali RA foi morto por Bin Muljam.

CAPÍTULO 3
PRINCÍPIOS DA POLÍTICA DE RECEITAS E DESPESAS DO
O GOVERNO DO PROFETA E DO KHULAFAUR RASHIDIN

Principalmente e globalmente, a proibição de maisir, gharar e usura, bem como o mecanismo do zakah e o sector social, constituem uma distinção clara entre as políticas de finanças públicas islâmicas e convencionais. A discussão da política de finanças públicas islâmica inclui também a estrutura das receitas e despesas do Estado. A seguir, descreveremos mais pormenorizadamente a política islâmica de finanças públicas.

3.1 Estrutura das receitas da administração pública islâmica

O instrumento de receitas do Estado no Islão consiste em instrumentos obrigatórios, tanto para muçulmanos como para não muçulmanos. Existe também um instrumento voluntário do sector social, que é pago voluntariamente e cuja fonte pode ser tanto muçulmana como não muçulmana. Os instrumentos obrigatórios de receitas do Estado para os muçulmanos são o zakah, e o jizyah e o kharaj para os não muçulmanos. O instrumento fiscal é também um instrumento obrigatório para o governo de Rasulullah SAW e Khulafaur Rashidin, mas não é permanente. Os cidadãos não muçulmanos que se convertem ao Islão deixam de estar sujeitos aos impostos sob a forma de kharaj e jizyah. Os impostos sobre os muçulmanos são impostos em primeiro lugar aos muçulmanos super-ricos, quando o Estado se encontra numa situação de emergência, como uma guerra ou uma catástrofe natural, denominada nawaib. Se as finanças do país forem excedentárias, a imposição sob a forma de nawaib é suspensa.

O imposto na política islâmica de finanças públicas é conhecido por dharibah. As disposições fiscais sob a forma de jizyah e kharaj, tal como mencionado anteriormente, são exigidas apenas aos não muçulmanos, porque estes não emitem zakah e outros instrumentos sociais (infak, shadaqah), bem como impostos de proteção e gestão de terras no governo de Rasulullah SAW e Khulafaur Rashidin, onde permanecem. O jizyah e o kharaj só são impostos aos cidadãos não muçulmanos que sejam capazes, não estando sujeitos a mulheres, crianças e homens que não possam pagar. Há também uma taxa ushr imposta sobre as mercadorias provenientes do estrangeiro que entram no governo de Rasulullah SAW e Khulafaur Rashidin, uma vez que as mercadorias do governo de Rasululullah SAW e Khulafaur Rashidin, quando entram noutros países, estão também sujeitas às mesmas taxas.

Em termos gerais, a estrutura das receitas do governo de Rasulullah SAW e de Khulafaur Rashidin é apresentada nos quadros 3.1 e 3.2. Com base nos quadros 3.1 e 3.2, pode explicarse que as quatro principais receitas do governo de Rasulullah SAW e dos Khulafaur Rashidin provinham do zakah, das taxas/prémios, dos impostos e dos despojos de guerra. As quatro principais receitas podem ser divididas em três tipos de classes, nomeadamente as provenientes dos muçulmanos, dos não muçulmanos e do público. As receitas provenientes dos muçulmanos incluem o zakah, o ushr, o zakah fitrah, o waqf, o amwal fadhla, o nawaib, outras shadaqah e o khums. As receitas do Estado provenientes dos não muçulmanos incluem o jizyah, o kharaj e o ushr. As receitas provenientes do público em geral consistem em ghanimah, fai ', resgate, empréstimos de muçulmanos/não muçulmanos e prémios de dirigentes/outros países.

Quadro 3.1
Fontes de rendimento no período de Rasulullah SAW

Muçulmano	Não muçulmano	Geral
1. zakah	1. jizyah	1. Ghanimah
2.Ushr (5-10%)	2. kharaj	2,Fai᾽
3.Ushr (2,5%)	3.Ushr (5%)	3. resgate
4. Zakah Fitrah		4. Empréstimos concedidos por muçulmanos ou não muçulmanos
5. waqf		5. Presentes de dirigentes ou governos de outros países
6. Amwal Fadhla		
7.Nawaib		
8. Outros Shadaqah		
9.Khums		

Fonte: Sabzawari 1984

Algumas fontes de rendimento que não são demasiado grandes provêm de várias fontes, por exemplo: resgate de prisioneiros de guerra, empréstimos dos muçulmanos, khumus sobre rikaz, tesouros encontrados no período anterior ao Islão, amwal fadhla (riqueza dos muçulmanos que morreram sem herdeiros), waqf, impostos dos muçulmanos ricos para cobrir as despesas do Estado durante a emergência, zakah fitrah, kaffarat e esmolas.

Quadro 3.2

Estado Receitas de Khulafaur Rashidin

Não	Tipo de receitas			Fontes	Aplicado a partir de
1	Zakah emitido a 8 Asnaf			Tesouros dos muçulmanos, tais como camelos, cabras, vacas, dinares, dirhams e colheitas de grande porte, de acordo com o nisab que foi estabelecido pela sharia	Rasulullah Muhammad SAW
2	As taxas/prémios utilizados para pagar as tropas de guerra e o benefício dos muçulmanos são regulados pelo governo central	1	Kharaj	A terra é controlada pelas forças muçulmanas e deixada nas suas mãos	Umar Bin Khatab
		2	Usyur	1/10 culturas provenientes do território árabe / fora do território árabe	Umar Bin Khatab
		3	Jizyah	O tributo aos homens dhimmi incrédulos, como substituto da proteção, é dado em caso de perigo de ataque inimigo, 12 dirhams <jizyah <48 dirhams (não aplicável a mulheres, crianças, pobres / incapazes de trabalhar)	Umar Bin Khatab
3	Imposto			• 1/10 da mercadoria dos muçulmanos que negoceiam fora da região islâmica • 1/40 para os kafirs dhimmi • 1 dirham por cada 40 dirhams para os muçulmanos, mas abaixo de 200 dirhams não são cobrados • 4/5 para quem recebe • 1/5 para Baitul Maal	Umar Bin Khatab
4	Ghanimah			• 1/10 da mercadoria dos muçulmanos que negoceiam fora da região islâmica • 1/40 para os kafirs dhimmi • 1 dirham por cada 40 dirhams para os muçulmanos, mas abaixo de 200 dirhams não são cobrados • 4/5 para quem recebe • 1/5 para Baitul Maal	

Fonte: Atlas da História Islâmica desde o início até à glória do Islão (2011)

3.2 Estrutura das despesas da administração pública islâmica

A teoria islâmica das despesas utiliza as regras derivadas do al-Qawaid al-Fiqhiyyah (os princípios REGRA do fiqh (lei islâmica) que podem ser aplicados em diferentes domínios do fiqh que se enquadram nas regras comuns), a fim de evitar os potenciais de ineficiência das despesas, bem como as normas do consumo islâmico, e é utilizada como princípio de racionalidade para as despesas do Estado. De acordo com asy-Syatibi, citado por Chapra (2000), as seis regras são as seguintes

A. O principal critério para todas as afectações de despesas deve ser utilizado para a equidade das pessoas. B. A eliminação das dificuldades (masyaqoh) e das perdas (mudharat) deve ter precedência sobre a provisão de conveniência.

C. O maior bem-estar da maioria deve ter precedência sobre os interesses da minoria.

D. Um sacrifício ou uma perda pessoal pode ser feito para poupar sacrifícios ou perdas públicas, e um sacrifício ou uma perda maior pode ser evitado forçando menos sacrifícios ou perdas.

E. Quem recebe benefícios deve estar disposto a suportar os custos e os riscos (alghunmu bil ghurmi).

F. Uma coisa que tem de ser imposta e que não é apoiada por outros factores de apoio não pode ser construída, pelo que a manutenção destes factores de apoio se torna obrigatória. Estas regras podem ajudar a concretizar a eficácia e a eficiência das despesas públicas no Islão, de modo a que os objectivos das despesas públicas possam ser alcançados.

De acordo com Chapra (1990), as prioridades de desenvolvimento nos países muçulmanos, geralmente classificados como países em desenvolvimento, devem ser as seguintes A. Os projectos de infra-estruturas físicas e sociais que apoiarão a realização do bem-estar, através do rápido crescimento económico, da criação de emprego e da satisfação das necessidades básicas são uma prioridade máxima.

G. Devem ser realizados projectos que eliminem as dificuldades/sofrimento, tais como projectos destinados a combater a subnutrição, o analfabetismo, os sem-abrigo, as epidemias, a falta de instalações médicas, o abastecimento de água limpa e saudável e a gestão dos resíduos.

H. O desenvolvimento de transportes públicos eficientes deve ter precedência sobre a importação de automóveis particulares de que apenas benefícia uma minoria da população e reduzir a poluição causada pelos fumos dos veículos.

I. Desenvolvimento das zonas rurais, que apoiam a produtividade agrícola, a criação de emprego e o espírito empresarial.

J. Melhorar a capacidade dos pobres para acederem a rendimentos mais elevados, à formação, à educação e ao financiamento.

K. Reestruturar o sistema financeiro para financiar os empresários rurais e urbanos, a fim de aumentar as oportunidades empresariais e aumentar a oferta de bens e serviços que satisfaçam as necessidades de muitas pessoas.

L. Combater a corrupção, a ineficiência e o desperdício, através do aumento das poupanças mediante a redução/eliminação de subsídios inadequados, a eliminação gradual da proteção das empresas públicas e a redução das despesas no sector da defesa.

M. Aplicar uma tributação justa e eficaz.

N. Encerra o défice islâmico, sem usura/expansão monetária e empréstimos, substituindo-o por leasing para construir o sector privado com base na concorrência de acordo com as especificações do governo, financiamento por prestações, pagamentos e prestações difíceis, participação no capital e outros. A expansão monetária e dos empréstimos resultará em concessões financeiras incontroláveis que não podem ser sustentadas a longo prazo. Como resultado, a inflação é relativamente elevada, enquanto a dívida interna e externa, bem como o peso das prestações, estão a aumentar muito rapidamente. O processo tende a perpetuar-se, resultando em taxas de inflação mais elevadas, depressão da taxa de câmbio, défices insustentáveis da balança de pagamentos e reembolsos da dívida ainda mais pesados. Esta situação irá reduzir ainda mais os recursos para o desenvolvimento, abrandar o crescimento, exacerbar o desemprego e as tensões sociais.

O. Promover a filantropia privada, como as instituições waqf, para a construção de estabelecimentos de ensino, hospitais e outros.

P. Manter a estabilidade dos preços como um desenvolvimento limitador/controlador.

Q. Melhorar o clima de investimento e eliminar os obstáculos.

R. Promover as micro, pequenas e médias empresas.

O Islão não está familiarizado com a criação de um orçamento de Estado anual, como acontece na democracia, tanto em termos dos seus capítulos como dos seus artigos, dos termos e dos artigos. A partir daqui, o orçamento do governo islâmico não é feito de forma anual, embora o governo islâmico tenha um orçamento fixo estabelecido pela sharia de acordo com as suas receitas e despesas (Taqyuddin, 1996). O Islão centra-se no problema do serviço aos assuntos da ummah, que foi submetido à sharia e determinado de acordo com a visão do Islão. Em contraste com o orçamento moderno, é dada mais ênfase a uma mistura complexa de planos e projectos.

3.3 Função do Estado

O Islão tem um conceito abrangente de Estado, governo e prosperidade económica. No Islão, este conceito não pode ser separado do conceito coletivo que existe na moral islâmica e nos fundamentos da sharia. No conceito do Islão, a satisfação do interesse público é da responsabilidade do governo. Em termos gerais, a função do Estado, reforçada por Qardhawi (1997), divide-se em duas, nomeadamente

1) O Estado serve para garantir todas as necessidades mínimas das pessoas. Esta primeira função é a de que o Estado deve prover ou manter um nível mínimo de adequação da comunidade.

2) O Estado serve para educar e nutrir a comunidade. Nesta função, que se torna o âmbito de trabalho do Estado, está a disponibilização de infra-estruturas, regulamentos, instituições de recursos humanos, conhecimento e qualidade. A bolsa de estudos ampla e média e assim por diante (a qualidade correlata) está positivamente correlacionada com a preservação e melhoria da fé que foi levantada pelo primeiro ponto da função deste País. Se estabelecer algo que é obrigatório, exigido por outra coisa, sem o qual não pode ser cumprido, então torna-se obrigatório.

Entretanto, de acordo com Siddiqi (1995: 152), a função do Estado islâmico divide-se em três categorias, a saber

3) A função necessária da sharia é permanente. Esta função foi afirmada no Alcorão, nos al-Hadith e nos especialistas da Sharia, que tratam permanentemente de todas as necessidades humanas, sem as quais a vida humana, de acordo com os objectivos de 39

a sharia não pode ser realizada. Não se trata de mudar as condições sociais. Um exemplo claro é a organização da defesa, da lei e da ordem.

4) A função gerada pela ijtihad para resolver o problema atual, mantendo-se no corredor da sharia. Esta função consiste em realizar os objectivos da sharia tendo em conta a situação socioeconómica atual. Esta função continua a aplicar-se ao Alcorão e aos ahadith com base na analogia ou qiyas, e com base em considerações de interesse público ou maslahah (benefício). Os primeiros sábios islâmicos não eram específicos, porque o tema da época atual não existia nos primeiros tempos do Islão. Esta função é bastante flexível, consoante a época e o local. Os eruditos islâmicos do mesmo período, em países diferentes, podem ter uma lista de funções diferente. Um exemplo claro é a função do Estado no ambiente.

5) Funções que devem ser executadas em qualquer altura e lugar do processo da shura ou de peritos de académicos, peritos e especialistas nos seus respectivos domínios. A parte mais importante da função desta categoria é a tomada de decisões no processo democrático para garantir o interesse público como uma consideração primária. Podem ser tomadas decisões diferentes em países diferentes. As considerações locais relacionadas com os recursos, os custos e outras variáveis determinarão as decisões resultantes. Um exemplo claro é o fornecimento de fontes e centrais eléctricas.

Com base na análise histórica e na informação da literatura sobre a distribuição dos bens do Estado realizada baitul maal, o orçamento no governo islâmico, como se segue: 1) Satisfação das necessidades dos pobres. Para satisfazer as necessidades dos pobres, o orçamento é retirado do orçamento do zakah, do ghanimah e do fai.

6) Despesas de defesa e forças militares. O orçamento e inclui os benefícios das garantias de punição das famílias deixadas para trás. O financiamento provém do post ghanimah, do fai 'e do zakah.

7) Serviços administrativos. Todas as operações do Estado para os serviços públicos com complexidades administrativas e o pagamento dos salários dos aparelhos do Estado, tais como juízes, professores, governadores e outros funcionários do Estado, são retirados do fai 'post.

4) Garantia de segurança social (segurança social). A segurança social é uma garantia para satisfazer as necessidades mínimas de uma vida culturalmente adequada. A segurança social é concedida aos suspeitos, aos órfãos, às viúvas, aos idosos, às pessoas com deficiência e aos não muçulmanos que não são capazes ou que são fracos.

5) Assistência reformada e financeira aos combatentes e aos cidadãos idosos que muito contribuíram para o Islão.

6) Educação. O programa de informação de cada país e a difusão da pregação islâmica em várias regiões são financiados pelas finanças públicas (baitul maal). As estradas, a irrigação de terrenos agrícolas, a iluminação, as infra-estruturas de transportes e outros projectos de desenvolvimento necessários à população e que favorecem o desenvolvimento do bem-estar económico são, então, objeto de despesas públicas.

Também se pode concluir que o objetivo das despesas no governo islâmico é o seguinte:

1) Despesas destinadas a satisfazer as necessidades do público.

2) As despesas como meio de redistribuição da riqueza.

3) Despesas destinadas a aumentar a procura efectiva.

4) Despesas relacionadas com o investimento e a produção.

5) Despesas em função da taxa de inflação com política de intervenção no mercado.

O Imã Abu Ubaid, no livro intitulado Al Amwal, dá uma definição do sistema financeiro público islâmico, nomeadamente como sunuf al-amwal al-lati yaliha al-a'immah li al- raiyyah (montante da riqueza administrada pelo governo em benefício do sujeito). O sujeito visado aqui é o povo. Nesta definição, há quatro conceitos importantes, a saber

1) O termo amwal, que é o título do livro relativo à propriedade pública, que constitui a

principal fonte financeira do Estado, está agrupado em fai ', khums e zakah. Por fai' entende-se o kharaj, o jizyah e outras receitas, como a descoberta de objectos perdidos (rikaz), a riqueza deixada sem herdeiros e outras. Khums é um quinto dos despojos de guerra e tesouros ou tesouros de relíquias sem dono.

2) A'immah cita para perguntar ao público a quem é confiada a execução do território do património público. A área que o insinua não é a sua, mas a confiança no interesse público.

3) O termo ra'iyyah é citado no público em geral, que consiste em sujeitos muçulmanos e não muçulmanos na administração islâmica, para os quais o benefício do tesouro.

O Ghanimah (al-Anfa 8: 1) destina-se apenas aos cinco agregados (QS Al-Anfa 8: 41), o Zakah (QS.AT-Taubah 9: 103) só pode ser reservado para os oito asnaf (Alcorão 9:60). Mas o Fai '(Surah Al-Hashr 59: 6) pode ser utilizado para financiar o estado geral (QS Al-Hashr 59: 7). Esta é uma das disposições relativas à utilização do orçamento no sistema económico islâmico, que o distingue do sistema económico convencional. Existem algumas diferenças fundamentais entre a ghanimah, o fai 'e as esmolas (zakah), entre outras, as seguintes:

1) Ghanimah e Fai' são os tesouros que os muçulmanos obtêm dos idólatras, ou que se tornam a causa da aquisição da propriedade, enquanto o zakah é puramente derivado dos muçulmanos.

2) Ghanimah e Fai' são responsáveis pela sua indemnização para permanecerem no governo islâmico, enquanto o zakah os limpa e purifica.

3) A distribuição do Ghanimah e do Fai' pode ser deixada ao ijtihad dos ulama (a interpretação independente ou original de problemas que não são abrangidos com precisão pelo Alcorão, Hadith (tradições relativas à vida e às declarações do Profeta) e ijma (consenso académico)), enquanto a distribuição do zakah não deve fazer ijtihad nesse domínio.

Para além do rendimento primário acima referido, o Estado recebe também um rendimento secundário, o baitul maal recebe rendimentos provenientes de sanções (kaffarat), ghulul, waqf, subvenções, donativos, etc., que são recebidos numa base fixa.

CAPÍTULO 4
EXPLICAÇÃO DE CADA INSTRUMENTO FINANCEIRO ISLÂMICO

4.1 Instrumentos de receita na administração pública islâmica

Inventário dos instrumentos de rendimento para o baitul maal, ou seja, os tesouros permitidos por Alá SWT como rendimento dos países muçulmanos, que sempre existiram desde a era de Rasalullah SAW até Khulafaur Rashidin, com a seguinte explicação completa

1)   Zakah

A língua zakah significa crescer, florescer e abençoar ou pode também significar limpar ou purificar. De acordo com o termo da sharia, zakah significa obrigação sobre a propriedade ou responsabilidade de determinada propriedade para determinado grupo num determinado período de tempo. O Zakah é atribuído a 8 asnafs (categorias), nomeadamente o necessitado (Aquele que não possui bens materiais nem meios de subsistência; Aquele que sofre e não tem meios para satisfazer as suas necessidades diárias), o pobre (Aquele que não dispõe de meios de subsistência suficientes para satisfazer as suas necessidades básicas), o amil (Aquele que é nomeado para recolher o Zakah e as despesas incorridas com a administração do Zakah), o muallaf (Aquele que abraçou recentemente o Islão), Riqab (o escravo que tem de se redimir), Gharimin (aquele que contraiu dívidas avultadas ao tentar satisfazer as suas necessidades básicas), fisabilillah (aquele que se empenha na causa de Alá para a melhoria da comunidade) e ibn sabil (viajantes retidos numa viagem permitida). O zakah não pode ser gasto em bens públicos. Há uma forte indicação no Alcorão de que se trata essencialmente de um zakah destinado aos pobres. Quase todos os especialistas proíbem o zakah para a construção de mesquitas, porque significa que se destina aos pobres e aos ricos. O estigma moral está firmemente ligado ao caso do zakah (Zarca in Faridi, 1983: 51). A redução da pobreza é o principal objetivo do zakah. O zakah é precisamente a transferência de rendimentos ou de património de pessoas que têm para pessoas que não têm.

O zakah não é o único instrumento utilizado para criar uma distribuição plena de justiça, pelo que são ainda necessários outros instrumentos para a completar na política fiscal islâmica. O zakah é imposto sobre o crescimento da riqueza, pelo que estimulará o aumento da produção. No sistema fiscal islâmico, existe uma grande diferença entre a taxa de juro e a taxa de lucro do governo. A taxa de juro não pode refletir totalmente a produtividade do capital, pelo que não pode ser equiparada ao nível de produtividade e de juros. A procura de investimento a taxas de lucro esperadas será sempre mais elevada nos governos islâmicos de base fiscal, para o mesmo nível de rendimento. Também aborda a função de distribuição do zakah, em que o zakah estimulará a redução da subnutrição, melhorará a saúde e, em última análise, aumentará a produtividade. Os activos do zakah são os seguintes:

1) Ouro

2) Prata

3) Animais de criação, como camelos, vacas e cabras

4) Mercadoria

5) Produtos agrícolas

6) Luqta, bens deixados pelos inimigos.

7) Luqothoh (descobertas)

2) **Kharaj**

Kharaj é o direito dos muçulmanos às terras dos incrédulos, quer através da guerra, quer através da paz. Abaixo está descrita a tributação da terra, segundo Abu Yusuf, que inclui o estatuto e os tipos de impostos a aplicar, nomeadamente

A) Outros territórios (para além da Arábia) sob domínio islâmico, divididos em três partes. (1) O território adquirido através da guerra, (2) o território adquirido através de um tratado de paz e (3) o território detido pelos muçulmanos fora da Arábia. B) Áreas sob o acordo de paz, divididas em duas categorias. (1) Os habitantes que mais tarde se converteram ao Islão, (2) os que não abraçaram o Islão. C) As terras conquistadas dividem-se em duas categorias. (1) se os habitantes se converterem ao Islão antes da derrota, as terras que possuem continuarão a ser propriedade sua, mas apenas pagarão 'ushr (2) se o califa tiver uma política de distribuição das terras aos combatentes, estas terras são obrigadas a pagar kharaj.

3) **Ghanimah**

Ghanimah é tudo o que é controlado pelos muçulmanos a partir da propriedade dos incrédulos através da guerra. QS. Al Anfal (8): 41, Significado: "Eis que tudo o que puderdes obter como espólio, será um quinto para Deus, para os apóstolos, para os órfãos, para os pobres e para os Ibn-sabil, se acreditardes em Deus e no que revelaremos ao Nosso servo (Maomé) no Dia de Furqaan, no dia do encontro de dois exércitos. E Alá é o Soberano de todas as coisas." Allah SWT especifica o procedimento de dividir a riqueza de ghanimah com a seguinte formulação: Uma quinta parte para Alá e Seu Mensageiro. Destinada ao bem comum e aos familiares, aos órfãos, aos pobres e aos viajantes. Os restantes quatro quintos foram distribuídos pelos membros das tropas envolvidas na guerra.

4) **Jizyah**

Jizyah deriva da palavra jaza, que significa indemnização. Em termos terminológicos, o Jizyah é uma obrigação imposta aos residentes não muçulmanos que vivem num Estado islâmico como substituto do custo da proteção da vida, da propriedade e da liberdade de praticar a sua religião. QS at-Taubah (9): 29:

"Combatei aqueles que não crêem em Deus e no futuro, nem proíbem o que é proibido por Deus e Seu Mensageiro, e não crêem na verdadeira religião (a religião de Deus), (ou seja, aqueles) que lhes deram o Livro, até que paguem o jizyah obedientemente enquanto estiverem em sujeição. "No tempo do Profeta SAW, o montante do jizyah era de um denário por ano para os adultos que o pudessem pagar. As mulheres, as crianças e os pais estão isentos da obrigação do jizyah. Entre os escribas que têm de pagar o jizyah, tanto quanto se sabe, encontra-se Nashara Najran.

5) **Dharibah**

Dharibah, no sentido de imposto no sistema económico islâmico que tem as regras de acordo com a Sharia, é um culto adicional depois do zakah, é uma unidade de gestão financeira na política fiscal islâmica. A gestão do zakah está ligada ao nash do Alcorão e dos ahadith, enquanto os impostos resultam da ijtihad dos ulama. A distribuição do zakah é dirigida aos pobres, porque tem como objetivo a distribuição da riqueza e a superação da desigualdade, enquanto os benefícios fiscais podem ser canalizados tanto para os pobres como para os ricos, uma vez que os impostos têm como objetivo organizar e manter o bem comum e evitar danos, quando os fundos não estão disponíveis a partir do dinheiro do baitul Maal quando necessário. Dharibah é um sistema de tributação aplicado num Estado islâmico, neste caso incluindo: jizyah, kharaz, 'ushr, nawaib. Não existe qualquer proibição de tributação, desde que existam critérios claros e justos. O governo islâmico tem o direito de cobrar impostos adicionais por várias razões e, neste caso, o governo não tem de recorrer a contribuições sociais. Os impostos, no sistema económico convencional, têm o significado de uma imposição obrigatória, sob a forma de dinheiro a pagar pela população como contribuição obrigatória para o Estado ou para o governo, relativamente ao rendimento, à propriedade, ao preço de compra de bens, etc. Os impostos, no sentido convencional, são impostos cobrados à população para efeitos de regulamentação do Estado. Este entendimento é a realidade do dharibah como um imposto obrigatório cobrado ao povo para efeitos de financiamento do

Estado. Para evitar a confusão entre os impostos no sentido convencional e no sentido da shariah, escolheu-se a palavra dharibah, que tem o significado de impostos adicionais no Islão, cuja natureza e características diferem dos impostos convencionais.

De seguida, explicamos as características da dharibah no regime islâmico clássico:

1.	No governo islâmico, os regulamentos de dharibah sob a forma de impostos são efectuados apenas em alturas em que a situação financeira do Baitul Maal é negativa ou deficitária e insuficiente para satisfazer as necessidades básicas da sociedade. A retirada deste imposto também é temporal, não se aplica constantemente e será interrompida se a situação se estabilizar novamente. A cobrança de impostos é feita apenas aos ricos e não às pessoas que não podem pagar.

2.	O Dharibah nasce com a base jurídica de que Alá também obrigou o Estado e o povo a eliminar o mudharat (dano/desvantagem) que se abateu sobre os muçulmanos, ou seja

se não existirem bens e os muçulmanos não tiverem ninguém para doar. Alá concede ao Estado o direito de adquirir bens para cobrir as várias necessidades e o maslahat (benefício/bem-estar) dos muçulmanos, mas a obrigação de pagar dharibah só é imputada àqueles que têm vantagens em satisfazer as necessidades básicas e complementares de uma forma ma'ruf.

A atribuição de Dharibah é:

1 Financiamento da jihad e de todos os assuntos a cumprir relacionados com a jihad. 2. o financiamento da indústria militar e das indústrias que a apoiam, o que permite ao Estado ter uma indústria de armamento.

3 Financiamento dos fuqara (os necessitados, os pobres e os ibn sabil). 4) Financiamento dos salários dos soldados, funcionários, juízes, professores e outros que trabalham em prol do povo.

5 O financiamento deve ser pago em benefício e em benefício das pessoas, cuja existência é urgentemente necessária e, se não for financiado, o perigo cairá sobre a Ummah.

6 Financiamento para emergências, tais como catástrofes naturais e expulsão de inimigos.

Utilizações de Dharibah:

1 Para evitar o desemprego

2 . Para realizar um comércio justo e eficaz.

O princípio de aplicação da Dharibah baseia-se no seguinte

1. necessidades financeiras do Estado, não permanentes.

2. Justiça, no sentido de:

- o pagador da dharibah beneficia dos serviços prestados pelo governo.

- proporcional, de acordo com a capacidade individual do material.

O montante das tarifas Dharibah tem em conta vários aspectos:

a. Volume e valor da produção, não o valor dos factores de produção e do capital utilizado

b. O papel dos recursos humanos na gestão dos recursos, quanto maior for o papel dos recursos humanos, menor será a tarifa de dharibah.

c. Não prejudica o desenvolvimento das actividades.

d. Comprometidos com a capacidade de pagamento.

6) Al-ushr

Al-ushr, no plural usyûr, significa um décimo. O ushr é a décima parte de uma taxa cobrada quando uma pessoa atravessa as fronteiras de um país. Uqbah bin Amir disse que o Profeta SAW. Nunca disse: Não entrarão no paraíso as pessoas que cobram impostos. (Abu Dawud, Ahmad, al-Baihaqi, al-Hakim, Ibn Khuzaimah). As taxas do Ushr são fixadas em função do estatuto do comerciante. Se for muçulmano, estará sujeito a um comércio de zakah de 2,5% do total das mercadorias que transporta. Se for um ahl zimmah (infiéis que obtêm segurança dos muçulmanos), é-lhe aplicada uma taxa de 5%. Se for um harbi (infiéis que estão envolvidos numa batalha sangrenta com os muçulmanos), é-lhe aplicada uma taxa de 10%.

7)   Al-'ushr também significa um décimo da terra agrícola regada com água da chuva, é o zakah retirado a um muçulmano e distribuído como a distribuição do zakah.

8) Fai

Fai 'é tudo o que os muçulmanos controlavam da propriedade dos infiéis sem guerra, incluindo os tesouros que se seguem, nomeadamente a terra kharaj, o jizyah individual e o 'ushr do comércio. QS al-Hashr (59): 7:

Os despojos (fai'-i) que Deus concedeu ao Seu Mensageiro, provenientes dos habitantes das cidades, são para Deus, para o Mensageiro, para os parentes do Apóstolo, para os órfãos, para os pobres e para os encaminhados. Aceitai o que o Apóstolo vos dá. Abandonai o que ele proíbe; e sede devotos de Deus. Em verdade, Deus é severo no Seu castigo. O tesouro fai' e todos os tesouros que se lhe seguem, como o kharaj, o jizyah,' ushr, é um tesouro que pode ser utilizado pelos muçulmanos e guardado no Baitu al-Maal. Todos eles pertencem à categoria dos impostos e são uma fonte de rendimento fixo para o Estado.

9)   Khums

O khums é uma língua de um em cinco ou um quinto. Nas disposições da Sharia, há um quinto de certas propriedades tomadas e que pertencem ao Baitul Maal, nomeadamente o khumus de ghanimah, o khumus de rikaz e o meu e o khumus luqathah com certas disposições. Na época do Profeta SAW, o khumus ghanimah foi dividido em cinco partes, que são para: Allah e Rasul, parentes dos Apóstolos, órfãos, os pobres e ibnu sabil. Depois, a sua parte do khumus é gasta pelos muçulmanos, em parte para a guerra, para comprar escudos e armas e para preparar as tropas. No que respeita aos familiares do Apóstolo, apenas deu aos Bani Hashim e aos Bani Muttalib. Após a morte do Profeta, o Mensageiro e os seus familiares, por Abu Bakr RA, foram colocados no Baitul Maal e gastos em benefício dos muçulmanos. O mesmo aconteceu depois. Uma vez que hoje em dia não existe Baitul Maal, devido à ausência do Islamiyah Daula, o khumus pode ser emitido diretamente e distribuído a quem de direito, entre os pobres, os órfãos, os ibn sabil e os seus semelhantes.

10)   Waqf

Waqf significa reter, parar ou calar. Em termos de waqf, trata-se da detenção de direitos de propriedade sobre um objeto material com o objetivo de conceder benefícios ou vantagens. QS Ali Imran (3): 92:

"Não estais nem aí para a virtude, antes de gastardes alguns dos vossos entes queridos e tudo o que gastardes. Então Alá é Onisciente." A Waqf tem uma grande função social, ou seja, é um bem muito valioso para o desenvolvimento. O seu papel na distribuição equitativa do bem-estar entre os povos e na redução da pobreza é um dos objectivos da waqf.

11)   O Nawaib

O nawaib é um imposto considerável imposto aos muçulmanos ricos. Este nawaib destina-se a cobrir as despesas do Estado em caso de emergência, o que aconteceu com a guerra do tabuk.

12)   Propriedade geral do imóvel

A autoridade do Baitul Mal não se limitava à gestão dos bens religiosos, mas funcionava como um gestor de bens ou do Tesouro do Estado em geral.

13)   Bens do Estado sob a forma de terrenos, edifícios e outros.

Posses ilegais de funcionários ou governantes resultantes de actos de corrupção, conluio e nepotismo, que podem ser identificados com ghulul. Ghulul é interpretado como uma traição ao bait al-maal (tesouro do tesouro), zakah ou ghanimah (despojos de guerra). Ghulul significa também trapaça e engano que prejudicam diretamente as finanças do Estado (sociedade). Do ponto de vista da traição ao património do Estado, a corrupção pode ser identificada como ghulul, uma vez que envolve tanto o poder como o património público. Ghulul é também interpretado como abuso de poder contra o mandato legal é haram e inclui actos vergonhosos. Entre as formas de ghulul, actos como a receção de presentes, comissões, ou qualquer que seja o seu nome, não são kosher e não devem ser aceites. O próprio termo ghulul é retirado da Surah Al-Imran do Alcorão, versículo 161: "É impossível que um profeta seja traído nos despojos de guerra. Quem for traído nos despojos de guerra, então, no Dia da Ressurreição, virá com o que traiu, e cada um será recompensado pelo que fez com vingança, enquanto eles não forem perseguidos."

14) Os tesouros dos apóstatas (aqueles que abandonaram a religião do Islão)

Tomar posse das terras dos apóstatas para as utilizar em benefício dos muçulmanos.

15) Amwal Fadilah

O Amwal Fadilah é um tesouro dos muçulmanos que morreram sem herdeiros ou dos muçulmanos que abandonaram o seu país. A propriedade do proprietário e dos seus herdeiros não é conhecida, porque, segundo a lei, está sob o controlo e a gestão do Baitul Mal.

16) Esmolas

A esmola deriva da palavra árabe shadaqoh, que significa uma dádiva dada por um muçulmano a outros, de forma espontânea e voluntária, sem estar limitada por um tempo ou por um determinado montante. Também significa uma dádiva dada por alguém em virtude de esperar as bênçãos e os méritos de Alá. QS an-Nisa (4): 114, Significado:

"Não há nada de bom na maioria dos seus sussurros, exceto os sussurros daqueles que ordenam (às pessoas) que dêem esmolas, ou façam ma'ruf, ou façam paz entre os homens. E quem o fizer, buscando a reverência de Deus, dar-lhe-emos uma grande recompensa mais tarde. "

17) Infak

Infaq vem da palavra anfaqa, que significa retirar algo em prol de algo. De acordo com o Wiki indonésio, Infaq é a emissão de um tesouro que inclui zakah e não zakah. Entretanto, de acordo com a terminologia da Shari'a, infaq significa retirar uma parte da propriedade ou do rendimento/rendimento para um interesse que é ordenado pelos ensinamentos islâmicos. Com base na lei, o infaq é dividido em duas partes, nomeadamente o infaq obrigatório e o sunnah.

O infaq obrigatório inclui o zakah, o kafarat, o nadzar, entre outros. Enquanto o infaq é classificado como sunnah, entre outros, como o infaq aos pobres, aos concidadãos muçulmanos, às catástrofes naturais, ao infaq humano, entre outros.

18) Qurbani

O Qurbani é um ato para comemorar o sacrifício do Profeta Ibrahim, tal como mencionado no Alcorão, e consiste no sacrifício de um animal (cabras, ovelhas, gado bovino (vacas ou touros), búfalos ou camelos) a Alá Swt durante o período de Eid ul Adha (o festival de três dias que assinala a peregrinação Hajj e o Qurbani). Idealmente, a carne do Qurbani deve ser dividida em três partes iguais - uma para a casa, outra para os familiares e amigos e outra para os pobres e necessitados.

19) Hima

Hima é um refúgio, segundo Abu Ubaid, é o local de terras desocupadas protegido pelo chefe de Estado para a criação de gado dos animais de Rasulullah.

"Os muçulmanos são irmãos de outros muçulmanos, que lhes dão água e erva." A terra de Hima está coberta pelo Governo, mas pode ser explorada por todas as pessoas da terra como água, erva e plantas.

20) Iqtha

Iqtha é a terra dada pelo chefe de Estado a um povo para controlar um pedaço de terra, ignorando o outro. De Muhammad bin Ubaidillah como - Tsaqafi, ele disse, um homem de Basra do Tsaqafi saiu, mencionou que essa pessoa é Nafi Abu Abdillah. Ele disse a Umar RA: "Antes tínhamos terras em Basrah que não pertenciam à terra de Kharaj e não prejudicávamos ninguém dos muçulmanos. Se você acha que é necessário dizer isso, então eu faço, eu apenas pego um terreno para o meu cavalo, então Umar escreve uma carta para Abu Musa al-Ash'ari, se a terra é como dito, então mapeie para ele. "Relativamente ao estatuto desta terra, normalmente como terra 'ushr ou terra kharaj." Abu Yusuf divide-a com base nos custos de irrigação. O governante atrairá 'ushr, se a terra for irrigada manualmente pelos trabalhadores. Mas o Estado imporá o imposto kharaj, se a terra for irrigada cientificamente. A Iqta é normalmente atribuída a quem tenha contribuído para os muçulmanos e para o Estado Islâmico.

21) Ihya al-Mawat.

Al-Mawat é uma terra morta, estéril, desarrumada, sem dono e não utilizada. Ihya al-Mawat é reabrir a terra morta, limpando-a, irrigando-a, construindo-a e replantando as sementes da vida na terra. De acordo com Abu Ubaid, se a terra deste produto ihya al-mawat produzir algo através da irrigação e da plantação, está sujeita ao zakah 1/10 para 8 mustahik (legítimos beneficiários do zakah) zakah.

22)   Misahah

O Misahah é um método de cálculo do kharaj baseado na medição do terreno sem ter em conta o nível de fertilidade do solo, os sistemas de irrigação e as espécies vegetais.

4.2 Instrumentos de despesa no governo islâmico

Com base nos princípios das despesas das finanças públicas no Islão em geral, as despesas do Estado podem ser classificadas em quatro categorias, nomeadamente:

1) Capacitação dos pobres e dos convertidos. Estes fundos são geralmente retirados do zakah e do 'ushr.

2) Despesas públicas regulares. Estes fundos provêm geralmente do kharaj, do fai ', do jizyah e do 'ushr.

3) Custos de desenvolvimento e bem-estar social. Estes fundos são geralmente retirados de outros fundos, khums e esmolas.

4) Outros custos, tais como despesas de emergência, tratamento de crianças abandonadas, etc.

Normalmente, este fundo é retirado do waqf, da dívida pública, etc.

O papel do Estado na manutenção do bem-estar da sua população reflecte-se ainda nas despesas do Estado, como se pode ver no Quadro 4.1.

Quadro 4.1
Despesas do Estado

Primário	secundário
1. Os custos de defesa, tais como: armamento, camelos, cavalos. 2. Distribuição do zakah e do 'ushr a quem tem direito a recebê-lo. 3. Pagamento de salários aos guardiães, qadis, professores, sacerdotes, muezins, etc. 4. Pagamento dos salários dos voluntários 5. Pagamento da dívida do Estado 6. Ajuda para o viajante (da zona de Fadak)	1. Ajuda às pessoas que estudam religião em Madina 2. Animação para os delegados religiosos 3. Entretenimento para mensageiros tribais e rurais, bem como as suas despesas de deslocação. 4. Reembolsos a outros governos 5. Pagamento pela libertação de escravos muçulmanos 6. Pagamento de multas às pessoas mortas por acidente pelas forças muçulmanas 7. Pagamento das dívidas dos mortos em situação de pobreza 8. Pagamento do subsídio para os pobres 9. Subsídios para os familiares do Mensageiro de Alá 10. Despesas domésticas do Profeta (apenas um pequeno número, 80 tâmaras e 80 grãos para as suas mulheres) 11. Material de emergência

Fonte: Sabzwari, 1984

De acordo com Siddiqi (1996), divide-se em 3 categorias de políticas de despesas e enumera-se cada categoria do seguinte modo

1)   Despesas permanentes, que consistem em: defesa, lei e ordem, justiça, satisfação das necessidades básicas, da'wah, amar ma'ruf nahi mungkar (ordenar o certo e proibir o errado), governação, cumprimento das obrigações sociais que são fardu kifayah (Obrigação Comunitária) se o sector privado não as cumprir.

2)   Despesas necessárias no âmbito da aplicação da sharia: proteção da preservação de

2)   a esfera da vida, a satisfação de bens públicos necessários para além dos enumerados no n.º 1, o seu conhecimento de investigação, a formação de capital e o desenvolvimento económico, os subsídios a actividades privadas prioritárias, a imposição da estabilidade política.

3)   Despesas com actividades propostas pela comunidade/organização para efeitos de proteção ou maslahah e de prevenção ou mafsadah.

CAPÍTULO 5
O MODELO DO IMPOSTO ISLÂMICO
E A DIFERENÇA EM RELAÇÃO AO CONVENCIONAL

5.1 Inventário dos instrumentos de receitas e despesas do governo islâmico Aqui está

uma explicação do sistema e dos instrumentos de política de receitas que são

geridos pelo governo de Rasulullah SAW e Khulafaur Rashidin através da instituição baitul

maal, tal como indicado no quadro 3.1, em linhas gerais, como se segue:

1) Rendimento periódico obrigatório

a) A fonte dos muçulmanos: o zakah (at-Taubah: 103)

b) Fontes dos não-muçulmanos: kharaj (QS al-Hashr, 7), jizyah (at-Taubah, 29)

c) Fontes comuns (muçulmanos e não muçulmanos): ushur (ijtihad do califa Umar)

2) Não periódico Rendimento obrigatório

a) A fonte do muçulmano é muito rica na emergência: nawaib

b) A fonte de um muçulmano capaz, incidental: dharibah (HR Tirmidhi de Fatima bint

Qais ra., Livro de Zakah, capítulo 27, hadith n.º 659-660 e Ibn Majah, Livro de Zakah,

capítulo III, hadith n.º 1789) Multas ou kafarat, fidyah

3) Rendimento público não periódico

a) Ghanimah ou despojos de guerra, com uma divisão de 20% para Deus e o Seu Apóstolo,

familiares dos apóstolos, órfãos. Os pobres e ibn sabil (al-Anfal: 41), o resto para os

guerreiros que combateram

b) Rikaz, o tesouro encontrado enterrado no solo, sob a forma de tesouro transformado ou

de tesouro feito pelo homem (Bukhari 1499 e Moslem 1710).

c) Ma'din. O tesouro encontrado enterrado na terra da criação de Deus, não criado pelo

homem, é então chamado ma'din (extração de minerais). A lei de Rikaz também inclui

ma'din (mina) cujo depósito é pequeno. A história de Ali RA menciona que em as-suyûb há

um khumus.

Suyûb, para além de significar rikaz, também significa fibra mineral, especialmente ouro e

prata, ou seja, minerais extraídos da terra.

d) O Luqathah, o tesouro encontrado por uma pessoa acima do solo, não é enterrado. e)

Gestão dos bens ou riquezas do Estado / El-Mustaglat (Investimento do Governo) (HR

Ahmad e Abu Dawud em Bulugh al-Maram, Capítulo Ihya al-Mawat, número de série 9).

f) Retirada de bens corruptos / ghulul (al-Baqarah: 188)

4) Instrumentos de rendimento social não obrigatório:

Ou seja, rendimentos do qurban (al-Hajj, 36-37), infaq, esmolas (QS Yusuf: 88), waqf (al-Muzzammil: 20)

5) Receitas gerais:

Ou seja, do geral (muçulmano e não muçulmano): Amfal Fadla, recompensas, subsídios (HR al- Bukhari 2576) e (Moslem 1077).

A discussão sobre o sistema e os instrumentos de receitas e despesas da governação islâmica tem como referência o Alcorão Sagrado, a Sunnah, a análise histórica da gestão financeira dos países islâmicos por Sabzwari (1985), Chapra (1990), Rahman (1992), Afzalurrahman (1995), Ra'ana (1997) e a exploração dos resultados de vários estudos. O inventário dos instrumentos e das estruturas de receitas e despesas da governação islâmica pode ser consultado em pormenor no Quadro 5.1.

Quadro 5.1
O esboço das estruturas de receitas e despesas da governação islâmica

NÃO	RECEITAS	ASSUNTO	DESPESAS	REFERÊNCIA
1	**Obrigatório:**			
1.1	**Sadaqah:**	muçulmano		QS 9:103
1.1.1	Zakah	muçulmano	8 asnaf	QS 9: 60
1.1.2	"ushr (1/10) Agricultura	muçulmano	8 asnaf	QS 2:267 E 6:141
1.1.3	Alfândega de "ushr (1/10)	muçulmano	8 asnaf	QS 2:267 E 6:141
1.1.4	Dharibah/taxa de Sharia	muçulmano	*jihad*,militar,rotina,desenvolvimento	ijtihad
1.1.5	Nawaib	muçulmano	emergência:catástrofe,bem-estar público	ijtihad
1.1.6	Kaffarah/Compensação	muçulmano	*Fakir* e os pobres	ijtihad
1.2	**Fai':**	Nonmoslem		QS 59:6
1.2.1	Kharaj	Nonmoslem	Rotina, público, desenvolvimento	QS 59:7-10, ijtihad
1.2.2	Jizyah	Nonmoslem	Rotina, público, desenvolvimento	QS 9: 29, ijtihad
1.2.4	Ushr / Alfândega	Nonmoslem	Rotina, público, desenvolvimento	QS 2: 267 & 6:141
2	**Shadaqah voluntária:**	muçulmano		QS 4:114
2.1	Infak	muçulmano	Desenvolvimento e bem-estar dos cidadãos	QS 3: 134
2.2	Shadaqah	muçulmano	Desenvolvimento e bem-estar dos cidadãos	QS 4:114
2.3	Waqaf	muçulmano	Desenvolvimento e bem-estar dos cidadãos	QS 73 :20; 3:92
2.4	Qurban	muçulmano	*Fakir*, pobres e familiares	108:2
3	**Khums, acessório:**	Geral		
3.1	Ghanimah	Geral	-1/5 para o país/estado: Alá, Rasulullah, os parentes de Rasulullah (bani Hasim e Muthalib), os órfãos, os faquires e os pobres e *ibnu sabil*. -4/5 para os que participam na guerra	QS 8 :41
3.3	Rikaz	NR	Desenvolvimento e bem-estar dos cidadãos	ijtihad
3.4	Ma'adin	NR	Desenvolvimento e bem-estar dos cidadãos	ijtihad
3.5	Luqatá	NR	Desenvolvimento e bem-estar dos cidadãos	ijtihad
4	**Geral, Incidental**		Desenvolvimento e bem-estar dos cidadãos	
4.1	Amwal Fadla	Geral	Desenvolvimento e bem-estar dos cidadãos	ijtihad
4.2	Propriedades do estado	Geral	Desenvolvimento e bem-estar dos cidadãos	ijtihad
4.3	Estado das empresas	Geral	Desenvolvimento e bem-estar dos cidadãos	ijtihad
4.4	Prenda	Geral	Desenvolvimento e bem-estar dos cidadãos	ijtihad

Fonte: Setianingrum (2016)
Informações:
- QS 9: at-Taubah-QS 2: al-Baqarah-QS   59: al-Hasyr   -QS 6:al-An'am
- QS 4:an-Nisa-QS   73:al-Muzzamil-QS   3:Ali Imran
- QS 108:al-Kawthar -QS 8:al-Anfal
- NR: Recursos Naturais

O quadro 5.2 descreve os vários termos que se encontram frequentemente no sistema de receitas e despesas do governo islâmico.

Quadro 5.2
Termos do sistema islâmico de receitas e despesas

Não	Prazo	Definição
1	Khums	Método de cálculo da repartição dos rendimentos sobre ghanimah, rikaz, ma'din, luqathah em 20%.
2	El-Mustaglat	Gestão dos activos do Estado (investimento público)
3	Hima	A proteção, segundo Abu Ubaid, é o local da terra desocupada, que é protegida pelo chefe de Estado para o local de pastoreio do gado
4	Iqtha	As terras concedidas pelo chefe do Estado a pessoas que controlam um pedaço de terra, ignorando os outros
5	Ihya al- Mawat.	Terra morta, estéril, negligenciada, sem dono e não utilizada. Ihya al- Mawat é reabrir a terra morta, limpando-a, irrigando-a, construindo-a e replantando as sementes da vida na terra. De acordo com Abu Ubaid, se a terra deste produto ihya al-mawat produzir algo através da irrigação e da plantação, está sujeita ao zakah 1/10 para 8 mustahik/asnaf zakah.
6	Misahah	Método de cálculo do kharaj baseado na medição do terreno sem ter em conta o nível de fertilidade do solo, os sistemas de irrigação e os tipos de culturas.

O sistema e o instrumento da política de despesas públicas de Rasulullah SAW e Khulafaur Rashidin através da instituição baitul maal são os seguintes

1) Há três questões subjacentes à política de despesas nas sociedades islâmicas, nomeadamente, a ordem de Deus é definitiva, todas as actividades governamentais devem visar a promoção do interesse público e as decisões públicas devem passar por processos de shura, tanto explícitos como implícitos nas disposições do Alcorão e da Sunnah .

2) Cada afetação de despesas e a escala de prioridades associada à fonte de rendimento.

3) As rubricas de despesas do regime islâmico são as seguintes

3.a) 8 asnaf (fontes de zakah), ou seja, os pobres, os amil, os convertidos, a libertação dos escravos, os endividados, os fisabilillah, o viajante (al-Taubah, 60). **3.b)** Outras fontes de rendimento incluem a dharibah, a esmola, a fay'i, a ghanimah, cujas atribuições são mais flexíveis, nomeadamente órfãos, salários dos funcionários e despesas governamentais de rotina, pensões, vários benefícios sociais (mulher e família do Profeta SAW, combatente de guerra e seus filhos e filhas, crianças casadas, recém-nascidos e não reconhecidos, madineses, muhajirin antes dos acontecimentos de Fathul Mecca, pessoas não-muhajirin de Meca, muçulmanos que vivem no Iémen, Síria, Iraque e outros), fundo de emergência / catástrofe / jihad, segurança / defesa militar, infra-estruturas, interesse público baseado em fardu kifayah, fundo de bem-estar.

3.c) os direitos dos pobres e dos deficientes têm mais direitos do que os primeiros muçulmanos do excesso de propriedade nacional na sociedade.

Com base nos pormenores e na explicação acima, o sistema e os vários instrumentos de receitas e despesas do governo islâmico formam um padrão que é uma unidade entre si. O zakah não está sozinho, existem outras fontes de rendimento significativas, todas elas padrões unificados do sistema fiscal islâmico. Outras fontes de rendimento obrigatórias são o kharaj (imposto fundiário) e o jizyah (impostos individuais emitidos por homens não muçulmanos capazes). As fontes de rendimento comuns são o ghanimah (despojos de guerra), o rikaz (objectos de valor encontrados sem exploração), o ushur (alfândega), a gestão dos recursos naturais pelo Estado, o al-mustaglat (BUMN), a retirada de bens ilegais, o kafarat (multas) e o amwal fadla (herdeiros sem dono).

As receitas de outros países provêm do sector social voluntário, mas a sua contribuição é significativa, infak, shadaqah, waqf, incluindo qurban, prémios para o Estado e outros tesouros religiosos. A contribuição voluntária do sector social tem sido implementada com êxito porque é diretamente proporcional às prioridades de desenvolvimento do governo, nomeadamente o aumento do nível de fé da comunidade. A melhoria da fé da comunidade é o foco, a prioridade e o principal objetivo de desenvolvimento do governo islâmico. É por isso que o zakah pode ser o principal instrumento obrigatório no governo do Profeta Muhammad SAW e no governo islâmico posterior, apesar de a taxa ser apenas de cerca de 2,5%, devido à obediência do pagamento do zakah, juntamente com o espírito de pagamento do infak, da shadaqah e do waqf.

A existência da obrigação de zakah, o requisito da ligação entre a fonte de rendimento e a sua afetação, a proibição de riba (=usura: a atividade de emprestar dinheiro a alguém com o acordo de que essa pessoa pagará mais tarde uma quantia muito maior de dinheiro/o empréstimo de dinheiro com uma taxa de juro pela sua utilização) e dos produtos derivados (transacções que contêm elementos de gharar (=incerteza, engano, perigo e risco) e maisir (=jogo)), o apoio ao sector social e a singularidade do conceito fiscal islâmico como um todo são capazes de refletir o crescimento económico e a distribuição equitativa. Por outras palavras, o desenvolvimento, o crescimento económico, a distribuição equitativa do rendimento, a participação da comunidade e o nível de fé têm uma correlação positiva. Os sistemas, modelos e mecanismos fiscais islâmicos permitem, em última análise, escapar à dependência dos impostos. Os impostos, conhecidos como dharibah no Islão, só são cobrados em caso de emergência, quando as finanças do Estado no Baitul Maal são insuficientes para financiar as necessidades de um determinado caso e momento, e só são cobrados aos ricos.

Uma explicação mais clara e uma breve descrição podem ser vistas na Figura 5.1.

Com base na descrição e na Figura 5.1, verifica-se também que a tentativa de minimizar os impostos no Islão tem como principal objetivo reduzir a carga fiscal sobre a sociedade de classe média baixa, baseando-se na filosofia do najarb, em que o imposto é imposto primeiro aos muito ricos.

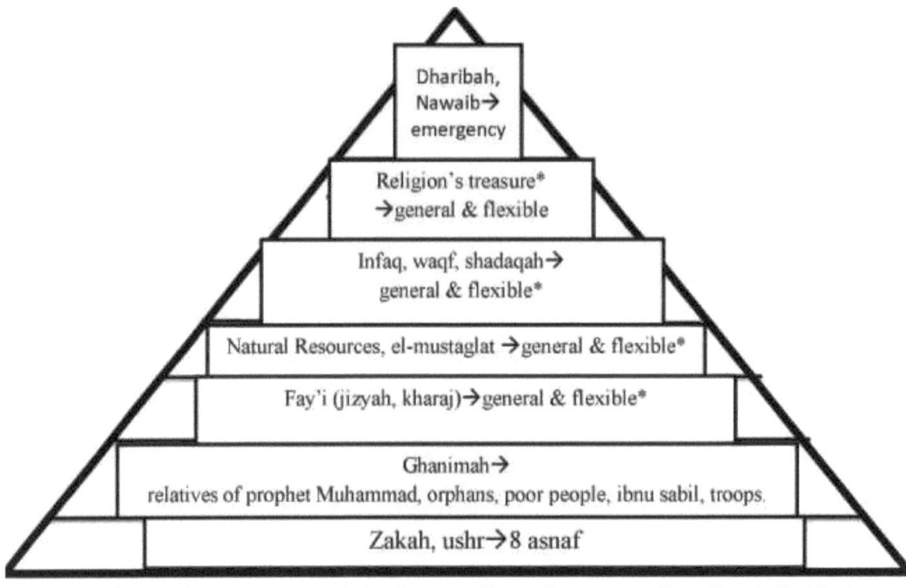

Figura 5.1
O padrão da política financeira da governação islâmica
Fonte:Setianingrum (2016)

5.2 O padrão da política fiscal islâmica

A política fiscal, segundo o economista islâmico Mannan (1995: 230), consiste nas medidas tomadas pelo governo para introduzir alterações no sistema fiscal ou nas despesas, com o objetivo de ultrapassar os problemas económicos que o país enfrenta. No sistema económico islâmico, a política fiscal é mais importante do que a política monetária. Este facto pode ser comprovado pela obrigação de emitir zakah e pela proibição da usura, o que demonstra a posição da política fiscal em detrimento da política monetária.

5.2.1 A política fiscal na governação islâmica

A política fiscal islâmica desempenha um papel mais importante do que num sistema de economia de mercado livre, pelo menos pelas três razões seguintes (Metwally, 1995: 297):

1) O papel da política monetária é relativamente mais limitado nas economias islâmicas pelas duas razões seguintes: 1.a) A taxa de juro não tem lugar no sistema económico islâmico, pelo que não se verifica a existência de um instrumento de juro tão importante no sistema convencional. 1.b) O Islão proíbe a integração de todos os tipos de especulação na economia, o que não acontece com os sistemas convencionais que têm tantas transacções, tais como actividades de jogo através de corridas, cartas, jogos e também transacções de derivados que são comuns na banca e nas finanças. As implicações da proibição levam a três coisas: (1) as operações de mercado aberto não serão eficazes, (2) o papel do mercado de acções não é tão grande como nos sistemas convencionais, (3) não há procura de dinheiro para especulação como na teoria keynesiana.

2) O governo, no sistema económico islâmico, exige que a população muçulmana que preenche os requisitos como muzaki, pague o zakah e o distribua por 8 asnaf, de acordo com as disposições do Alcorão e da Sunnah.

3) O papel da dívida no financiamento do desenvolvimento é menor do que o dos sistemas governamentais convencionais, sendo que as despesas públicas utilizam mais as receitas do zakah, os impostos e a participação nos lucros.

5.2.2 O objetivo da política fiscal islâmica

Os objectivos da política fiscal no sistema económico islâmico são os seguintes

1) Justiça na distribuição da riqueza. A riqueza não se justifica apenas entre os ricos.

2) Não deve aplicar a política de manipulação das taxas de juro para obter o equilíbrio no mercado monetário. O instrumento alternativo utilizado no sistema económico islâmico é a política de contribuição sobre o dinheiro inativo. A contribuição em questão é um tipo de imposto que tem um impacto construtivo na economia, por exemplo, nos primórdios do governo islâmico existe o 'ushur, o jizyah, o kharaj e o dharibah (vários impostos).

3) Algumas despesas do governo são obrigadas a apoiar o desenvolvimento da da'wah e o bem-estar das pessoas.

5.2.3 Elementos subjacentes à política orçamental na governação islâmica

Há quatro elementos principais subjacentes à política orçamental nos países islâmicos:
1) A economia islâmica tem três sectores económicos, nomeadamente o sector privado, o sector social/voluntário e o sector público. Os três sectores trabalham em conjunto e complementam as inter-instituições no âmbito da economia islâmica.

2) O Zakah é a base do sistema fiscal.

3) A função de atribuição, distribuição e estabilização é processada e implementada pelos três sectores em conjunto.

4) O papel do sector público é mínimo mas crucial, assegurando continuamente uma afetação óptima dos recursos.

A política fiscal no âmbito do Estado islâmico é um dos instrumentos para atingir o objetivo da sharia, que foi descrito por al-Ghazali como a promoção do bem-estar das pessoas, mantendo a fé, a vida, a intelectualidade, a descendência e os bens. Ibn al- Qayyim defende que a base da shari'a é a sabedoria e a prosperidade das pessoas do mundo e do além. O bem-estar inclui também a justiça, a honra, a felicidade e a sabedoria. Muitos aspectos da política fiscal islâmica têm semelhanças com o Estado laico, mas isso é apenas no aspeto do mundo, não inclui o objetivo da vida no além.

Atualmente, a política orçamental desempenha um papel importante na estabilidade económica dos países ocidentais, especialmente após a Grande Depressão de 1930. Numa economia em que a capacidade de produção pode ser bem desenvolvida, a política fiscal pode desempenhar um papel importante na regulação da procura agregada. Muitos países desenvolveram sistemas fiscais e de proteção social como políticas fiscais que podem suprimir a inflação ou a deflação.

A estabilidade da taxa de câmbio nos países islâmicos pode ser cultivada de acordo com a gestão de cada via de desenvolvimento. De acordo com Ibn Khaldun, na altura, o sultão rejeitou o fluxo de dinheiro para o público, o que resultaria numa recessão. Atualmente, na era moderna, existem mais mecanismos de financiamento público para evitar que a procura agregada e a oferta diminuam. A política fiscal para reduzir a procura agregada e aumentar a produção é necessária quando as condições económicas são atingidas pela inflação. Os impostos progressivos, bem como os pagamentos à segurança social, podem reagir como estabilizadores automáticos da economia.

5) 3 Diferenças na política orçamental dos sistemas de governação islâmicos e convencionais

Quadro 5.3

Análise comparativa o Política fiscal convencional e da Sharia

Não	Mecanismo	Sharia	Convencional
1	Referência	Al-Quran & al- Hadith	Regulamentação, baseada na lógica humana
2	Afetação por fonte de receitas	Sim	Não
3	Existe uma separação entre as dotações provenientes de fontes halal e haram	Sim, firme e claro	Não
4	A natureza das prestações sociais	alma endógena / de chamada: obrigação para com Alá SWT e para com o próximo	como instrumento de interesse: obrigação para com os outros seres humanos
5	Sistema de despesas prioritárias	Relativamente ao nível de benefício (dharuriyat, hajiyat e tahsiniyat)	Refere-se a interesses económicos e políticos
6	A relação entre as fontes de rendimento e a afetação	Sim. Existe uma disposição de ligação	Não
7	A pedra angular das políticas de despesas	maqashidsharia (incluirHDI , salário mínimo , indicadores macroeconómicos, etc., em conformidade com a maqashid sharia)	IDH, salário mínimo, macro-indicadores, etc..,
8	Prioridade do beneficiário	1)8 asnaf (satisfação das necessidades básicas) 2)fundo de pensões 3)defesa e segurança 4)desenvolvimento 5)da'wah 6) amar ma'ruf nahi munkar 7) fardu kifayah, 8) Infra-estruturas públicas	1.despesas indirectas 2. despesas directas ou: 1Despesas primárias 2Despesas secundárias ou: 1. despesas operacionais 3.despesas de capital 4.despesas imprevistas
9	Atribuição especial regular de da'wah	disponível	não disponível
10	Afetação de receitas não halal	Infraestrutura pública apenas	Permitir atribuições

Fonte: Setianingrum (2016)

Quadro 5.4
Comparação da tributação convencional e islâmica

NÃO	O PADRÃO DA política fiscal	ISLÃO	CONVENCIONAL
1	Posição no exercício	O instrumento de apoio	O instrumento principal
2	Calendário de pagamentos	não regular, não periódico, em caso de emergência	regular e periódico
3	Prestação do serviço	Muçulmano rico	Nível de rendimento, tipo de atividade, tipo de transação
4	Relação com a política monetária	Não separado	separados
5	Assunto	muçulmanos e não muçulmanos	Indivíduo e instituição
7	Nomenclatura	nawaib, dharibah, ushr, kharaj, jizyah	Vários impostos e retribuições
8	referência	al-quran, al-hadith e ijtihad	Regulamentação e política
9	A relação entre as fontes de receitas e despesas	Cada fonte tem um requisito de atribuição	Não (exceto retribuição)
10	Separação das fontes halal e não halal	Sim	Não
11	atribuição	para o bem comum, como uma forma de jihad muçulmana para facilitar a chegada de um perigo maior se não for feito	em função da política das autoridades
12	objeto	al-maal (tesouro), terra	Rendimento, propriedade, terra, alma
13	montante	em função do montante do financiamento necessário, não deve ser superior a	ilimitado

Fonte : Setianingrum (2016)

Com base no resultado da investigação de Setianingrum (2016) extraído de vários informadores especialistas em zakah e impostos, o esboço dos impostos no governo islâmico conhecido como dharibah, realizado com os seguintes termos e condições:

1) Ajustado pela lei do Estado, com referência ao Alcorão e aos ahadith. 2) Serve como solução de emergência para o benefício não satisfeito das pessoas com rendimentos regulares, quer devido a esgotamento ou insuficiência. 3) O sujeito é um muçulmano que tem um rendimento excessivo, não baseado no nishab como zakah.

4) Os impostos são cobrados apenas aos ricos.

5)Os impostos são cobrados temporalmente.

6) Uma obrigação religiosa, neste caso, cumprir a obediência a ulil amri.

7) Não é necessário ijab qabul, tal como o zakah.

8) A tarifa é determinada pelo resultado da ijtihad dos ulama.

9) A afetação é considerada como uma despesa pública que não é afetada ao zakah mustahik.

10) O determinante do desembolso de fundos é o governo baseado na Shari'a. O chefe de Estado elabora o seu próprio orçamento de Estado através do direito tabanni que lhe está associado.

11) Uma delas é realizada quando os custos de defesa excedem os recursos disponíveis. 12) A recompensa é a disponibilidade de bens e serviços para a comunidade, tanto para os ricos como para os pobres.

13) Os impostos aplicam-se para não alargar as exigências excessivas

14) A economia islâmica prefere geralmente os impostos directos aos indirectos, de modo a garantir que os impostos não recaiam sobre os pobres.

Com base na explicação dos impostos no Islão, conhecida como dharibah, em princípio, os impostos são cobrados devido a circunstâncias de necessidade, e a sua aplicação deve ser feita de forma a minimizar os encargos a suportar pela comunidade.

Quadro 5.5
Equações diferenciais de padrões e instrumentos financeiros islâmicos e convencionais

NÃO	SEMELHANÇAS E DIFERENÇAS	ISLÃO	CONVENCIONAL
1	Zakah e outros tesouros religiosos	√	X
2	Imposto de emergência (nawaib), dharibah	√	X
3	Imposto fundiário/kharaj	√	√
4	Imposto/jizyah não muçulmano	√	X
5	Imposto sobre o automóvel, motociclo, hotel, restaurante, publicidade, entretenimento, estacionamento, iluminação pública	X	√
6	Envolvimento do governo no tesouro da religião	√	X
7	Não envolvimento do governo no tesouro religioso das pessoas	X	√
8	Ligação Receitas e afetação	√	X
9	Orientação fixa	√	X
10	Dotação especial para os pobres	√	X
11	Indicador de crescimento económico	√	√
12	Indicador sobre crescimento económico, justiça distributiva, zakah, infak, shadaqah, waqf	√	X

Fonte: Setianingrum (2016)

CAPÍTULO 6
A URGÊNCIA FISCAL ISLÂMICA
PARA A SOLUÇÃO DE GOVERNAÇÃO MODERNA

A comparação entre a política fiscal moderna e a islâmica não pode certamente ser feita, mas o governo moderno pode utilizar o modelo e a filosofia da política fiscal islâmica para reforçar as políticas de receitas e despesas existentes. O padrão da política de receitas e despesas durante o governo de Rasulullah SAW e Khulafa Rashidin, apesar dos diferentes tempos e espaços com as modernas finanças públicas actuais, mas com o conteúdo dos valores da maqashid sharia, que são flexíveis aos desafios da era moderna, será capaz de acompanhar os tempos. A sharia maqashid pode ser um instrumento na conceção de produtos de engenharia e de políticas económicas de acordo com as necessidades da humanidade atual.

6.1 Maqashid Sharia sobre a política fiscal moderna

O maqashid sharia é o objetivo de Alá SWT e do Seu Apóstolo. Os eruditos explicam mais detalhadamente que a maqashid sharia é a proteção e a satisfação das necessidades dos aspectos da religião, da alma, do intelecto, da descendência e da riqueza. A sharia maqashid é um instrumento que torna a lei islâmica flexível e acompanha os tempos, mantendo-se nos corredores do Alcorão e dos ahadith. A Maqashid sharia é um instrumento que permite conceber produtos de engenharia e políticas económicas de acordo com as necessidades do ser humano atual (Agustianto, 2013).

A posição do maqashid sharia, de acordo com os pontos de vista dos especialistas em Ushul Fiqh (princípios da jurisprudência islâmica) do Alcorão e da Sunnah do Profeta SAW, indica a existência de uma lei que não seja o som da língua e o tasryi 'spirit (fundo e sabedoria que podemos retirar da sharia sobre um problema). Através deste maqashid, os versos da sharia e as tradições jurídicas, que são quantitativamente muito limitados em número, podem ser desenvolvidos para responder aos problemas que o estudo linguístico não é acomodado pelo Alcorão e pela Sunnah. O desenvolvimento foi efectuado através do método istinbat (os processos de tomada de decisão baseados nas provas existentes do Alcorão ou da Sunnah). O Maqashid shari'ah é também utilizado no método de definição da lei nas práticas de istinbat, nomeadamente a prática de qiyas (analogia), istihsan (considerar algo preferível), istislah (maslahah mursalah: dar lei a um problema com base no benefício que não é especificamente expresso pelos textos), istishab (continuar a aplicação da lei no passado até ao presente ou mais tarde), shadd al-zariah (bloquear todos os caminhos que conduzam a danos ou malícia) e urf (costumes) e outros que, por outro lado, se designa por proposição.

Maqashid shari'a significa o objetivo de Alá e do Seu Mensageiro na formulação das leis islâmicas. Esse objetivo pode ser encontrado nos versículos do Alcorão e na Sunnah do Profeta Maomé como uma razão lógica para a formulação de uma lei orientada para o benefício humano (Effendi et.al., 2012). O benefício que será realizado de acordo com Ash-Syatibi divide-se em três níveis, nomeadamente as necessidades de dharuriyat, as necessidades de hajiyat e as necessidades de tahsiniyat. A necessidade de daruriyy é o nível de necessidade que deve existir, se não for satisfeita será ameaçada a segurança da humanidade tanto no mundo como no além. Há 5 coisas que estão incluídas na categoria de daruriyat, nomeadamente manter a religião, a alma, a mente, a honra e a descendência e a riqueza. A necessidade de hajiyat é a necessidade de não ameaçar a sua segurança e de passar por dificuldades. Necessidades tahsiniyat é o nível de necessidades que se não forem satisfeitas não ameaçam a existência de um dos cinco pontos acima mencionados e não causam também dificuldades, o nível desta necessidade sob a forma de necessidades complementares, por exemplo, é o decoro de acordo com os costumes, evitar coisas que são intragáveis e decoradas com beleza de acordo com as exigências das normas e da moral.

Com base na explicação acima, a maqashid sharia tem a perspetiva de ser a base para determinar a prioridade da política moderna de receitas e despesas do governo com base no nível de benefício que consiste em dharuriyat, tahsiniyat e hajiyat. A aplicação deste nível de benefício tem uma grande oportunidade de ultrapassar ou, pelo menos, minimizar a batalha de interesses políticos na determinação do nível de prioridade das receitas e despesas, que sempre foi o caso.

Com base na investigação de peritos em ushul fiqh, existem 5 elementos principais que devem ser mantidos e realizados, **os cinco pontos principais da maqashid sharia são 1) Religião (hifzh al-din)**

A manutenção da religião, pela sua importância, pode ser dividida em três categorias: **1.a)** Manter a religião no nível de dharuriyah, que consiste em manter e cumprir as obrigações religiosas que estão incluídas na categoria primária, como a realização das cinco orações. Se a oração for ignorada, isso ameaçará a existência da religião. **1.b)** Manter a religião na categoria de hajiyah é implementar as disposições da religião, com a intenção de evitar dificuldades, como a oração jama (o adorador combina ou junta duas orações) e qasar (encurtar a oração durante uma viagem) para as pessoas que estão a viajar. Se esta disposição não for aplicada, não ameaça a existência da religião, mas apenas a dificulta para as pessoas que a praticam. **1.c)** Manter a religião ao nível da tahsiniyah é seguir a orientação da religião para defender a dignidade humana, bem como cumprir as obrigações para com Deus, por exemplo, limpar o corpo, o vestuário e o local (Djamil, 1997: 128).

2) Alma (hifzh an-nafs)

A manutenção da alma, com base no seu nível de importância, divide-se em três categorias 2.a) Manter a alma no nível de dharuriyah, como a satisfação das necessidades básicas de alimentação para sustentar a vida.

2 b) Manter a alma no nível de hajiyat, pois é permitido caçar animais para desfrutar de comida deliciosa e halal; se isto for ignorado, não ameaça a existência da vida humana, mas apenas complica a sua vida.

3 c) Manter a alma no nível de tahsiniyat, conforme definido no procedimento de comer e beber.

3) Inteligência, (hifzh al-'aql)

A manutenção da inteligência em termos de importância divide-se em 3 níveis: 3.a) Manter-se no nível de dharuriyah, uma vez que é proibido beber álcool devido à existência em perigo do intelecto.

3 b) Manter a inteligência a nível de hajiyat, uma vez que se recomenda que se exija ciência.

4 c) Manter a inteligência ao nível do tahsiniyat, evitando, por exemplo, a imaginação e a escuta de algo que não é útil.

4) Hereditariedade (hifzh an-nasb)

A manutenção da descendência em termos de nível de necessidades divide-se em três 4.a) Manter a descendência no nível de dharuriyah, como o casamento prescrito e a proibição do adultério.

4 b) Manter a descendência no nível hajiyat, como a estipulação da menção do dote no momento da cerimónia.

5 c) Manter a descendência no nível de tahsiniyat, conforme exigido pelo khitbah e walimah no casamento.

5) Tesouro (hifzh al-maal)

A manutenção da propriedade pode ser dividida em 3 níveis: 5.a) Manter os tesouros no nível da dharuriyah, como a shari'a relativa ao procedimento de propriedade e a proibição de tomar a propriedade das pessoas de forma ilegal.

5 b) Manter a propriedade ao nível de hajiyat, por exemplo, a Shari'a sobre a compra e venda do contrato de salam (pagamento antecipado em dinheiro para bens a serem entregues mais tarde).

6 c) Manter os tesouros a nível do tahsiniyat, como a disposição de evitar o engano ou a fraude.

A aplicação da Sharia Maqashid na política financeira do governo islâmico

Eis alguns exemplos da aplicação da sharia maqashid nas actividades económicas durante o califado de Rasulullah SAW e Khulafaur Rashidin: 1) Proibição de conservar a carne do sacrifício no Governo de Rasululullah SAW 2) Proibição de intervenção nos preços no Governo de Rasululullah SAW 71

3) Proibição do aluguer de terras no governo de Rasulullah SAW

4) Talaqqi Rukban (Prática ilegal (nomeadamente uma arbitragem comercial exploradora) em que um habitante da cidade compra bens a um beduíno (habitante do deserto) ou a um aldeão a um preço muito inferior antes de este último entrar no mercado. Posteriormente, o comprador traz esses bens para o mercado e oferece-os para venda a preços muito mais elevados. Ao fazê-lo, o habitante da cidade aproveita-se da ignorância ou desconhecimento do beduíno ou do aldeão relativamente ao preço de mercado. Antes do advento do Islão, as pessoas costumavam praticar esta forma de comércio manipulador, comprando cargas completas de caravanas antes de estas chegarem ao mercado. A Shari'a proibia este ato de exploração. Na sua essência, o talaqqi al-rukban é um tipo de conluio monopolista

5) Proibição de subarrendamento de terrenos

6) A política de Abu Bakar para combater os dissidentes do zakah

7) Impostos (thaudhif), as taxas ficaram fora dos impostos, no tempo do califa Abu Bakr

8) O caso da distribuição da ghanimah no tempo do califa Umar

9) No tempo do califa Umar, o caso não partilhava o zakah com os convertidos

Estas práticas mostram como os aspectos maslahah (benefício) e ilat (matéria para a qual é prescrita uma lei) se tornam a consideração da promulgação da lei do Profeta. Os governos da era moderna também podem aplicar práticas de gestão da política de receitas e despesas locais que se referem ao bem-estar da sociedade, ou seja, à proteção global da religião, da alma, da mente, da descendência e da riqueza.

6.2 Aplicação da política fiscal baseada na Sharia Maqashid

A importância da contribuição da propriedade religiosa e/ou do sector social, no sistema fiscal islâmico, é também confirmada por Metwally (1981), Faridi (1995), Mannan (2000), Yusoff (2006), Hafidhudhin (2007) e pelo sistema convencional, proposto por Charmichael (2012), Bonke et al. (2011), todos eles afirmam a urgência de capacitar a propriedade social religiosa nas políticas modernas de receitas e despesas do governo. A título de nota, para aprofundar o significado dos temas estudados, Setianingrum (2016) efectuou um estudo de caso da política fiscal do governo regional da cidade de Bekasi, como representante do governo na era moderna. O ponto forte do estudo de caso é abordar a profundidade do significado do objeto de estudo, em comparação com a extensão e o número de temas estudados (Schramm, 1971). Os instrumentos de rendimento no tempo de Rasulullah SAW e Khulafaur Rashidin que podem ser adoptados e promovidos pelo governo moderno, com base na exploração dos resultados da investigação de Setianingrum (2016) através do estudo de casos, são os seguintes

1. Os instrumentos do zakah são muito importantes como uma das fontes de receitas da administração local, tendo em conta que a Indonésia é o maior país muçulmano do mundo. Os condicionalismos de nomenclatura e de regulamentação não devem constituir um obstáculo à captação de fundos do zakah, em comparação com as vantagens e os benefícios obtidos, pelo que se deve procurar uma solução para esses condicionalismos. O zakah tem o potencial de aumentar a capacidade fiscal do governo, que continua a ser muito necessária atualmente. O Zakah implica também, direta ou indiretamente, a possibilidade de

1.1) Manter o salário mínimo dos trabalhadores ao nível da distribuição do zakah. 1.2) Ser o último escudo da economia para evitar a estagnação/subconsumo em condições de crise.

1.3) Suprimir a acumulação de bens, forçar a rotação de bens.

1.4) Supressão do número de problemas sociais: criminalidade, prostituição, sem-abrigo, mendigos, etc.

1.5) Guardiães da aqidah

1.6) Na prova matemática, o Zakah não reduz o consumo (C), porque no processo seguinte será neutralizado pelo consumo mustahik (a pessoa com direito a receber o zakat). O califado de Umar ibn Abdul Azis pode ser tomado como referência, sob a dinastia omíada (99-101 H / 717-719 d.C.), com uma liderança limpa e piedade, em menos de três anos, a quantidade de pagadores de zakah continua a aumentar enquanto o número de beneficiários de zakah continua a diminuir, chegando mesmo a esgotar-se completamente (huda et al., 2012, p.103). Consequentemente, os excedentes são utilizados para subsidiar o pagamento de dívidas privadas, subsídios sociais sob a forma de financiamento de necessidades básicas que não são efetivamente suportadas pelo Estado, como a cobertura de todos os custos de casamento de todos os jovens que querem casar numa idade jovem.

A conclusão do cálculo do zakah para o presente, de acordo com os resultados da investigação de Setianingrum (2016), é a seguinte

1.7) O cálculo do zakah não deve ser idêntico ao do tempo do Profeta Maomé, mas o mais importante é a filosofia do que ele praticou, que também pode ser derivada para formular a taxa de imposto. A fórmula para determinar a taxa de zakah e os impostos no tempo de Rasulullah SAW é determinada por factores empresariais, quanto maior for o negócio / criatividade / inovação, menor será a taxa de zakah / imposto. 1.2) As pessoas que têm rendimentos, depois de deduzidas as necessidades básicas e depois de restarem pelo menos 1,6 milhões de rupias, devem receber 2,5% de zakah (Baznas Bekasi, 2016).

2. Já os instrumentos que têm semelhanças com a nomenclatura dos instrumentos de receita do RI, que podem ser usados como referência para corrigir e melhorar o desempenho existente, são o rikaz, o kharaj, o jizyah e o 'ushur. Na gestão do Rikaz ou das invenções / riquezas provenientes das entranhas da terra sem exploração, o Estado pode receber 20%. A taxa de 20% da gestão dos recursos naturais cobrada pelo Estado no sistema de rikaz pode ser utilizada como referência no MOU com vários gestores de recursos naturais.

3. Os impostos sob a forma de Kharaj são calculados com base nos resultados obtidos com a utilização do terreno. Ao contrário do imposto predial e territorial calculado com base na localização. Os cálculos baseados no kharaj podem ser utilizados como referência complementar e como técnica de cálculo alternativa, tendo em conta a heterogeneidade da região.

4. O Jizyah, ou imposto sobre a cabeça dos cidadãos do sexo masculino não muçulmanos capazes, pode ser adotado para impor impostos sobre as contas dos cidadãos que colocam os seus fundos no estrangeiro.

5. O 'Ushur, ou alfândega para as mercadorias que entram e saem do Estado Islâmico, é imposto aos muçulmanos que não pagaram o zakah sobre as mercadorias internacionais e também aos não muçulmanos. O 'Ushur também continua a ser imposto a mercadorias ilícitas trazidas por não muçulmanos, como o khamr (Huda et al., 2011). Embora estes instrumentos possam ser regulados apenas pelo governo central, continuarão a ter impacto nos governos locais sob a forma de partilha de receitas.

6. Outros instrumentos de rendimento durante o califado de Rasulullah SAW e Khulafaur Rashidin são também muito relevantes para serem referenciados pelo governo moderno atual. O Aml-Fadla é um herdeiro que não tem herdeiros e pode ser utilizado como referência no mesmo caso, se este se verificar na Indonésia.

7. A retirada de bens corruptos também é muito relevante para ser uma fonte de referência. Os tipos de bens ilegais que o Estado pode retirar no Islão são tesouros de subornos, presentes ou subsídios recebidos por governantes, juízes, amil e funcionários do Estado, bens ilegais de funcionários do Estado que violam arbitrariamente a Shari'a, corretores (samsarah) e comissões ('amullah) dos governantes, empresas locais ou determinadas pessoas, bem como os bens da corrupção (Huda et al., 2011). Todos esses bens devem ser devolvidos ao Estado, baitul maal nessa altura.

8. A aplicação da expiação ou das multas pode ser utilizada como referência para aumentar a responsabilização na aplicação da cobrança de multas como receita do Estado, evitando ao mesmo tempo qualquer gratificação que seja indevidamente utilizada pelos funcionários do Estado.

9. O nawaib é um imposto imposto imposto aos muçulmanos abastados devido à falta de fundos devido à longa guerra do país e ao facto de ter gasto o tesouro do Estado. No tempo do governo do Profeta, o nawaib nunca foi praticado durante a guerra de Tabuk. O espírito do nawaib continua a ser altamente aplicável na governação moderna de hoje, quando o Estado se encontra num estado de emergência, como uma catástrofe. Especialmente se as pessoas forem muito ricas num país de uma minoria e controlarem a maior parte da riqueza existente, são muito razoáveis para assumir obrigações no país numa situação de emergência. De acordo com Rahman (1992), no tempo de Rasulullah SAW e Khulafaur Rashidin, se o sistema fiscal existente não cobrir adequadamente as necessidades dos pobres, então o Estado tem o direito de tirar partido dos ricos. O princípio implica a proibição da acumulação de tesouros nas mãos de um punhado de pessoas.

10. Os instrumentos voluntários de infak, shadaqah e waqf são também muito relevantes para o desenvolvimento económico. Basicamente, a realização do interesse público é uma obrigação colectiva do governo e da sociedade. Com efeito, o Islão exige que a sociedade estabeleça um conjunto de disposições que garantam a satisfação das necessidades de todos os membros da comunidade. Existem diferentes tipos de necessidades na sociedade. Algumas delas podem ser satisfeitas pelas próprias pessoas, enquanto outras podem ser satisfeitas pelo governo (Huda et al., 2012). Os instrumentos de infaq, shadaqah e waqf são voluntários, têm uma enorme contribuição, especialmente quando o sector não é suficiente para financiar programas e actividades estatais. A magnitude do instrumento voluntário é um indicador muito mais abrangente para medir a responsabilidade e a participação das pessoas na vida da nação e do Estado. Os instrumentos produtivos Waqf são amplamente utilizados nos países do Médio Oriente. Muitos bens produtivos, como hotéis de luxo, hospitais, excelentes escolas e até lojas, são financiados por fundos waqf, em que os lucros revertem a favor da população. Um waqf produtivo potente reduz o domínio das pessoas que, devido à sua ganância, darão origem a conglomerados problemáticos. O waqf produtivo é também potente para suprimir a privatização de bens do Estado, efectuada em benefício do regime no poder para assegurar as suas posições. Os donativos produtivos também impedem eficazmente o controlo da propriedade dos sectores económicos, tanto por estrangeiros como por privados, que prejudicam a subsistência de muitas pessoas num país, o que, por sua vez, pode suprimir a taxa de inflação.

Com base na descrição anterior, em resumo, as fontes de rendimento do sistema de governo islâmico, relevantes para colaborar com as receitas do governo moderno, são 1) Zakah

2) Contribuição social, suportada por instituições profissionais governamentais e não governamentais: waqf, infak, shadaqah, qurban, kafarat, aml fadla, fidyah, presentes, subsídios.

3) Gestão dos recursos naturais com base na Sharia

4) Retirada de bens corruptos

5) Impostos

6) Quotas não fiscais: quotizações, taxas, encargos

6.3 Gestão de instrumentos islâmicos Idealmente no governo moderno

O esboço de como os mecanismos, a gestão e as instituições que devem ter autoridade na atribuição de poderes aos instrumentos islâmicos, e as oportunidades destes instrumentos no reforço do orçamento do Estado, como se segue:

1) O fundo do zakah pode ser incorporado no APBD (Orçamento Regional de Receitas e Despesas), mas a distribuição deve continuar a ser efectuada através do amil, neste caso (Indonésia) é o Baznas (Conselho Nacional do Zakah Amil), porque a base da sharia continua a ter de ser cumprida. O papel dos fundos do zakah na regência de Brau, em Kalimantan Oriental, na Indonésia, é muito proeminente e constitui um pilar do desenvolvimento do governo local, especialmente em tempos de catástrofe, devido ao facto de o financiamento do zakah ser muito mais flexível e não estar sujeito a várias regras rígidas. Outros factos revelaram que a taxa de pobreza diminuiu quando houve uma distribuição do zakah em comparação com o momento da distribuição da ajuda do governo. Isto deve-se ao facto de algumas populações locais optarem por recusar receber o zakah, mas estarem dispostas a receber financiamento do governo. Com base nestes factos, o zakah pode contribuir para reforçar o orçamento do Estado, mas não deve ser considerado como receita do governo central/local, porque as consequências podem ser incluídas na cobertura das dívidas do orçamento do Estado, ao passo que a atribuição do zakah deve ser feita a 8 asnaf.

2) Sinergia entre o fundo zakah e o orçamento do Estado, que só pode ser efectuada no âmbito do programa.

3) Em princípio, os governos locais incentivam vivamente a existência de Baznas e LAZ (Zakah Amil Institution), mas a realidade é que ainda falta a sensibilização do público para o pagamento do zakah e ainda falta o poder do governo para a retirada do zakah. Para responder aos muitos obstáculos à cobrança do zakah pelos governos ou pelas instituições que têm a legalidade do governo, são seguidos os princípios fundamentais que devem servir de referência a qualquer pessoa ou instituição enquanto gestora do zakah, a saber

1) O Zakah é imposto a todos os membros da sociedade rica em benefício dos pobres.

2) Não há absolutamente nenhum quid pro quo, ou seja, o retorno do lucro para os ricos sobre os encargos. O rico que paga o zakah não tem direito a qualquer lucro deste fundo. Limitam-se a doar estes fundos, que estão inteiramente reservados para os membros dos pobres.

3) O zakah só é cobrado aos membros da comunidade muçulmana. 4) Quanto menor for a quantidade de energia e de capital envolvidos na acumulação de rendimentos, maior será a taxa de cobrança do zakah. Inversamente, quanto maior for a quantidade de trabalho e de capital, menor será o nível de cobrança do zakah.

5) O Zakah não é aplicado a bens perecíveis ou danificados num prazo de poucos dias, como os produtos hortícolas.

6) Os bens não utilizados para a produção subsequente, ou seja, bens domésticos, animais utilizados para veículos, equipamento de transporte, abrigo, ferramentas, etc., não estão

sujeitos ao zakah.

7) Os animais que não se reproduzem ou raramente se reproduzem (por exemplo, os burros), ou que se reproduzem após um longo período de tempo (por exemplo, os elefantes) não estão sujeitos ao zakah.

4) O estatuto do zakah não é no sentido de aumentar as receitas do Estado, mas de apoiar o programa do governo regional/nacional que não é coberto pelo orçamento do Estado, através de um memorando de entendimento entre o governo local/nacional e as Baznas, por exemplo, por região.

5)O Zakah deve ser dividido diretamente no território/aldeia mais próximo

O Zakah não precisa de fazer parte do orçamento do Estado, porque se receia que seja misturado com fundos e programas que não estão de acordo com a sharia. O Zakah não precisa de fazer parte do orçamento do Estado, porque se receia que seja misturado com fundos e programas que não estão de acordo com a sharia.

6)O Zakah é gerido de forma mais adequada por uma instituição amil, que é de confiança, profissional e tem a legalidade do governo

7)Se nos referirmos ao governo de Rasulullah SAW, a essência do zakah deve ser gerida pelo governo, mas um governo limpo, livre de corrupção, quer diretamente quer através de uma instituição designada

8) Os instrumentos de receitas islâmicas podem reforçar o orçamento do Estado, mas a sua utilização mantém-se no corredor da sharia. De facto, o zakah é mais flexível do que os fundos do orçamento do Estado na sua atribuição, não depende da regulamentação que tende a ser rígida, faz-se sentir em caso de catástrofe ou de emergência.

6.4 Escala de prioridades das despesas públicas, com base na Maqashid Sharia

Em termos gerais, o princípio das despesas públicas baseado no sistema económico islâmico é o seguinte:

1) Cada receita/fonte de receita já tem um canal/utilização de despesas definido pela sharia.

2) As taxas adicionais devem ser utilizadas para o objetivo inicial que as motivou. O dinheiro dos impostos, por exemplo, não deve ser utilizado para outros fins que não beneficiem os muçulmanos que os pagam, especialmente para o desperdício e outras coisas desnecessárias.

3) Deve basear-se em 3 níveis maslahah, nomeadamente daruriyat, hajiyat e tahsiniyat. Neste caso, as despesas obrigatórias devem ser diferenciadas, devendo ser efectuadas quando existe ou não existe um bem, e devem ser efectuadas apenas quando existe um bem. O exemplo

obrigatório devido à existência da propriedade é, a despesa do zakah apenas no momento da propriedade do zakah, e a existência do benefício, como nova estrada, novo hospital e outros. Exemplos que devem ser mantidos com a presença ou ausência de propriedade são as despesas para combater a pobreza, financiar a jihad, compensar os funcionários que pagam, maslahah e benefícios (estradas, água, mesquitas, escolas, hospitais, etc.), emergências devem ser mantidas, presença ou ausência de propriedade. Na ausência de bens públicos, é possível contrair empréstimos ou exigir impostos adicionais, em conformidade com as regras aplicáveis na sharia.

4) Não pode ser israf ou excessivo, deve ser frugal.

A escala de prioridades da política de despesas públicas baseada na sharia maqashid na era moderna, de acordo com a investigação de Setianingrum (2016), é a seguinte

1) Grupo 1 Despesas: Educação, Saúde, Redução da Pobreza, Satisfação das Necessidades Básicas

2) Grupo 2 Despesas: Infra-estruturas públicas, equipamentos sociais, equipamentos públicos

3) Grupo 3 Despesas: Desenvolvimento económico, PME, emprego, segurança alimentar, ambiente, energia, tecnologia

4) Grupo 4 Despesas: (1) Despesas de pessoal. (2) despesas com juros (não halal) para pagamento de juros de empréstimos a longo prazo à administração central. (3) despesas de subvenções sob a forma de dinheiro a outras empresas locais/regionais/comunidades/organizações comunitárias que tenham especificado especificamente a afetação. (4) despesas de assistência social sob a forma de dinheiro para indivíduos, famílias, grupos, comunidades que não são contínuas / selectivas. (5) despesas de assistência financeira à província / distrito / cidade / aldeia e despesas imprevistas.

5) Grupo 5 Despesas: Construção de edifícios de escritórios, infra-estruturas burocráticas

A figura 6.1 mostra a prioridade das despesas que devem ser aplicadas no governo islâmico em conformidade com a lei sharia, com base nos resultados do método ANP.

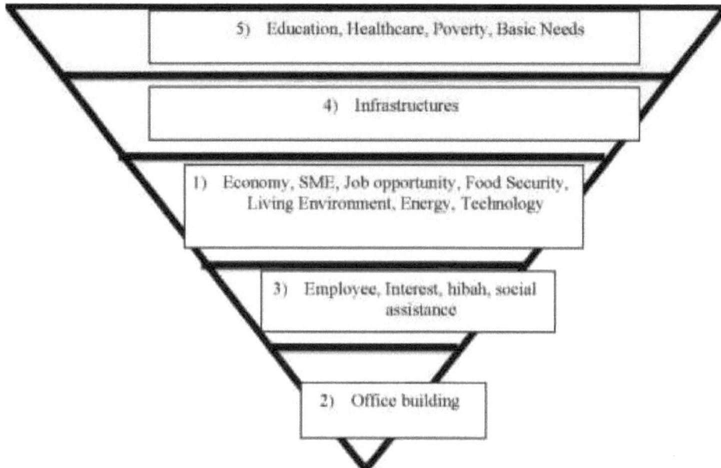

Figura 6.1
A escala de prioridades de despesa ideal com base na Sharia Maqashid Fonte: Setianingrum (2016)

6.5 Formulação da política de despesas e receitas com base na maqashid sharia

De um modo geral, a formulação islâmica da política de receitas e de despesas assenta na filosofia das finanças públicas no Islão, ou seja, com base nos resultados globais da investigação (2016) e do debate de Setianingrum, as finanças públicas devem basear-se:

1.   Requer uma ligação entre as receitas e a afetação de verbas, a fim de reduzir o desvio ou a má afetação de verbas e garantir a utilização do orçamento do Estado.

2.   Uma política de concessão de incentivos e/ou remissão de impostos em actividades económicas que envolvam inovação e emprego, a fim de incentivar a capacitação das MPME (micro, pequenas e médias empresas) e reduzir a taxa de desemprego.

3.   A gestão dos recursos naturais é conduzida de forma profissional, com o objetivo de reduzir a dependência das receitas fiscais e a distribuição desigual das receitas entre as regiões.

4.   a. Os princípios da política de despesas baseiam-se na sharia maqashid, *amar ma'ruf nahi munkar* (ordenar o correto e proibir o errado) e *fardhu kifayah* (uma obrigação legal que deve ser cumprida pela comunidade muçulmana no seu conjunto / responsabilidade social), tendo igualmente em conta o Índice de Desenvolvimento Humano, o salário mínimo regional e os indicadores macroeconómicos.

b. A prioridade da despesa baseada em benefícios é a proteção da religião, da vida, da inteligência, da ancestralidade e dos bens.

c. A aplicação da sharia maqashid com base na prioridade das despesas é a seguinte

1)	A: Geral e Religião Educação, cuidados de saúde, redução da pobreza, satisfação das necessidades básicas

2)	B: Infra-estruturas e instalações públicas

3)	C: Desenvolvimento económico, PME, oportunidade de emprego, ambiente de vida, energia, tecnologia

4)	D: Despesas dos empregados, juros, *Hibah,* assistência social e financeira

5)	E: Construção de edifícios de escritórios e infra-estruturas da burocracia

5.	Com base nos resultados da investigação de Setianingrum (2016), o indicador de sucesso do desenvolvimento abrange de forma abrangente os aspectos financeiros e não financeiros. Neste caso, o indicador de zakah, infaq, shadaqah e waqf (Ziswaf) deve ser envolvido. O zakah, o infaq, o shadaqah e o waqf implicam o crescimento económico, bem como a fé da comunidade. Se o sector de Ziswaf for $\geq$ 2,5% do PIB, então é considerado economicamente e de fé. Se o sector Ziswaf $\leq$ 2,5% do PDRB, então considera-se que não é bom economicamente e de fé. Os indicadores de sucesso do desenvolvimento são: Receitas Próprias Locais, indicadores de fé (o valor nominal do tesouro da religião: zakah, *infaq, shadaqah e waqf,* e indicadores de apoio (macroeconomia, índice de desenvolvimento humano menos a taxa de juro). Estes indicadores são mais substanciais e abrangentes.

6 Necessidade de separar as fontes de receitas *halal* e não *halal, bem como* a sua afetação, a fim de satisfazer os direitos das pessoas muçulmanas e não muçulmanas.

7 Os indicadores macroeconómicos da política fiscal islâmica não devem utilizar as taxas de juro. No entanto, a percentagem do crescimento económico visado, a percentagem da taxa de inflação visada, a taxa de câmbio da rupia em relação ao dólar americano, o preço do petróleo ICP em dólares americanos por dia, o levantamento diário de petróleo, o levantamento diário de petróleo igual ao petróleo, podem ainda ser considerados na gestão do ciclo financeiro.

8 O paradigma de desenvolvimento utilizado é o maqashid sharia, segundo o qual Alá SWT criou recursos naturais suficientes para todas as criaturas, não há escassez absoluta, existe uma escassez relativa, que necessita de uma distribuição justa, através de uma política fiscal baseada no maqashid sharia. Com base nesta investigação, o indicador Ziswaf e o paradigma maqashid sharia são mais substantivos e os direitos dos muçulmanos e dos não muçulmanos são igualmente reconhecidos.

A formulação de políticas de receitas e despesas baseadas na sharia e no maqashid na era moderna deve reforçar ainda mais o papel do sector social ou das receitas provenientes de ordens religiosas e outras organizações não governamentais, tal como no início do governo islâmico, o sector social/religioso deve tornar-se maior e mais dinâmico com esforços estratégicos e apoio governamental, especialmente para a educação e a saúde (Setianingrum, 2016).

A aplicação dos valores maqashid da shari'ah na política fiscal terá perspectivas de financiamento adicionais para o desenvolvimento, uma maior participação da comunidade através de infaq, shadaqah, waqf (participação em fundos públicos) e criará normas de prioridade de despesas mais substanciais com base nos níveis de benefícios de daruriyat, hajiyat e tahsiniyat. A perspetiva dos efeitos subsequentes permitirá melhorar o desenvolvimento da distribuição da equidade, aumentar o investimento público, o sector das MPME e o emprego, reduzir os desvios das despesas, reduzir a dependência dos impostos e controlar a taxa de imposto de modo a não perturbar o mundo empresarial.

CAPÍTULO 7
CONCLUSÃO

1.   O sistema e o instrumento global da política de receitas e despesas do governo islâmico formam um padrão que se relaciona entre si, cada instrumento tem o seu próprio papel e complementa-se mutuamente. O zakah não é um instrumento autónomo, existindo outras receitas obrigatórias, como o kharaj e o jizyah. As fontes de rendimento mais comuns são o ghanimah, o ushur, o rikaz, o ma'dhin, o luqathah, a gestão dos recursos naturais, o al-mustaglat, a retirada de bens ilegais, o kafarat/multas e o amwal fadla. Outras receitas do Estado provêm do sector social, mas a sua contribuição é significativa, nomeadamente infak, shadaqah, waqf, incluindo donativos e subvenções ao Estado. As receitas e as despesas do governo islâmico são administradas por uma instituição estatal denominada baitul maal, bem como as receitas do sector social.

2.   O aumento da fé da comunidade é o foco, a prioridade e o principal objetivo de desenvolvimento do governo islâmico. É por isso que o zakah pode ser o principal instrumento obrigatório no governo do Profeta Maomé e no governo islâmico subsequente, embora a taxa seja apenas de cerca de 2,5%, e também reforçado pelo fator de obediência ao pagamento do zakah, seguido pelo espírito de pagamento do infak, shadaqah e waqf. As características da política de rendimentos do governo islâmico permitem, em última análise, escapar à dependência dos impostos. Os impostos, conhecidos como dharibah no Islão, só são cobrados em caso de emergência, quando as finanças do Estado no Baitul Maal são insuficientes para financiar as necessidades de um determinado caso e momento, e só são cobrados aos ricos.

3.   As obrigações do zakah, a atribuição de poderes ao Estado sobre os recursos naturais e a propriedade pública, os requisitos de ligação entre as fontes de rendimento e a sua afetação, a proibição de riba, gharar e maisir, o apoio ao sector social, juntamente com as características das políticas de receitas e despesas da sharia, no governo islâmico, são capazes de refletir a correlação positiva entre desenvolvimento, crescimento económico, distribuição equitativa do rendimento, participação da comunidade e nível de fé.

4.   O equilíbrio dos orçamentos islâmicos do sector público pode ser formulado da seguinte forma: Fonte de aceitação pública: Zakah + Dharibah + Património + Esmolas = Dotação do sector público: 8 asnaf + Rotina + Desenvolvimento + Emergência

5.   Não é possível comparar os dois sistemas, mas o padrão e a filosofia da política de

receitas e despesas do sistema de governação islâmico podem ser utilizados para reforçar a política orçamental moderna.

6.   Os instrumentos de receitas e despesas que devem ser detidos pelo governo moderno para reforçar o orçamento existente e alcançar a maqashid sharia são os seguintes: a) Zakah; b) Receitas provenientes de contribuições sociais religiosas que não sejam de zakah, nomeadamente: waqf, infak, shadaqah, qurban, kafarat, fidyah, presentes, subvenções; c) Gestão dos recursos naturais e da riqueza dos países baseados na sharia; d) Dharibah no sentido de imposto de acordo com a sharia; e) Contribuição não fiscal: imposto, taxa, encargos; f) Reduzir os subsídios ao segmento rico e desviá-los para segmentos mais fracos da economia. g) Política de despesa pública baseada no nível de benefício, nomeadamente daruriyat, hajiyat e tahsiniyat; h) O sistema de política de despesa no governo islâmico exige a ligação entre a afetação e a fonte de rendimento; i) A separação entre a fonte de halal-haram e a sua afetação, a proibição da usura, do gharar e do maisir; j) Os direitos dos pobres e dos necessitados têm um direito maior do que os primeiros muçulmanos sobre o excesso de propriedade nacional na sociedade.

7.   A aplicação da filosofia da política fiscal islâmica reforçará o fundo de desenvolvimento na governação moderna, aumentando a participação da comunidade através do zakah, infaq, shadaqah, waqf, e criará normas de prioridade de despesas mais substanciais com base no nível de benefícios do daruriyat, hajiyat e tahsiniyat. A perspetiva dos efeitos subsequentes poderá melhorar o desenvolvimento da distribuição equitativa, reduzir os desvios das despesas e diminuir a dependência dos impostos.

BIBLIOGRAFIA

Afzalurrahman, 1995. *Economic Doctrines in Islam, terjemah Doktrin Ekonomi Islam*. Dana Bahkti Waqaf Yogyakarta

-------------------- 1997. *Muhammad : Encyclopedia of Seerah*, volume II, Londres, The Moslem School Trust, 1982. Edisi Indonesia *Muhammad sebagai Seorang Pedagang*. Yayasan Swarna Bhumi, Jacarta

Agustianto, Mulazid, A.S., Ghafur, A., (2009). *Sejarah Ekonomi Islam*. Pasca Sarjana UIN, Jacarta

Ahmad A. dan Khan T, 1997. Instrumentos Financeiros Islâmicos para a Mobilização de Recursos do Sector Público. *Actas do Seminário n.º 39. Instituto de Investigação e Formação Islâmica do Banco Islâmico de Desenvolvimento, Jeddah, Arábia Saudita*

Ahmad, K., 1997. *Pembangunan Ekonomi dalam Perspektif Islam*, dalam Etika Ekonomi Politik. Risalah Gusti, Jacarta

Ali, M., 1995. *Report on The Public Debt and Deficit Financing (Relatório sobre a dívida pública e o financiamento do défice)*. IRTI.

Andriani, 2002, *Pengaruh Pengetahuan RPPs terhadap peranan DPRD dalam Pengawasan Anggaran* (Studi Kasus pada DPRD se-Propinsi Bengkulu, Tesis Program Pasca Sarjana UGM, Jogjakarta).

Anshori, M, Iswati, S, 2009. *Buku Ajar Metodologi Penelitian Kuantitatif.* Fakultas Ekonomi Universitas Airlangga, Surabaya.

Al-Arif, M.N., 2011. *Dasar-Dasar Ekonomi Islam*. PT. Era Adicitra Intermedia, Solo.

Ascarya, 2011, *The Persistence of Low Profit and Loss Sharing Financing in Islamic Banking: O caso da Indonésia*. Revisão dos estudos económicos e empresariais indonésios vol.1 Centro de investigação económica LIPI

Bakri, A.J., 1996. *KonsepMaqashidal-Syari'ahMenurutAsy-Syatibi*. Raja Grapindo Persada (Cetakan Pertama), Jakarta

Baladzuri, 1966. *Kitab Futuhul al-Buldan*, terjemahan Philip Kholi Khitti, Beirute

Beik, Mintarti, N., Tanjung, H., Hakiem, H., Sutisna, N. (2011). *Indonésia Zakat e Relatório de Desenvolvimento 2011*. Ciputat: IMZ.

Bernstein, P.L., 2000. *The Power of Gold*, John Wiley and Sons.

Bogdan, R. C., & Biklen, S. K., 1982. *Qualitative research for education: An introduction to theory and methods*. Boston: Allyn and Bacon, Inc.

Bonke, T., Massarrat, N., Sielaff, M.C., 2011. Charitable Giving in The German Welfare State:Fiscal Incentives and Crowding Out. *Revista Springer Science & Business Media, LLC*

Bradhan, P., e D. Mookherjee, 1998. Expenditure Decentralization and Provision of Public Services in Developing Countries [Descentralização da Despesa e Prestação de Serviços Públicos nos Países em Desenvolvimento]. *Documento de trabalho da Convenção de Sari n.º 98-104, Berkeley, Califórnia: Centro Internacional de Investigação e Desenvolvimento Económico.*

Bratakusumah, R., 2004. Perencanaan Pembangunan Daerah : Strategi Menggali Potensi dalam Mewujudkan Otonomi Daerah. PT.Gramedia Pustaka Utama, Jakarta.

Carmichael, C.M., 2012. Dispensando a Caridade: As Deficiências de um Conceito Fiscal de Um ou Nada. *Voluntas, Volume 23, Número 2, Páginas 392-414*. Springer Science & Business Media, Baltimore, Países Baixos.

Chapra, M.U., 1979. *The Islamic Welfare State and its Role in The Economy (O Estado Social Islâmico e o seu Papel na Economia)*. Leicester, Reino Unido: The Islamic Foundation.

--------------------1990. *Islam dan Tantangan Ekonomi*. Gema Insani, Jacarta.

--------------------1995. *Leitura em Finanças Públicas no Islão: Government Borrowing Needs*. IRTI, BID, Jeddah, Arábia Saudita

-------------------2000. *O Islão e o desafio económico*. The Islamic Foundation e The International Institute of Islamic Thought, EUA. Penerjemah Ikhwan Abidin Basri, M.A., M.Sc., Gema Insani Press bekerja sama dengan Tazkia Institute, Jakarta.

------------------- 2002. *O Futuro da Economia, Uma Perspetiva Islâmica*, SEBI, Jacarta

Chaudry, M.S., 2012. *Sistem Ekonomi Islam Prinsip Dasar*. Kencana Prenada Media Group, Jacarta.

Cheng, E.W.L, Li, H., (2004). Seleção de construção usando o processo de rede analítica. *Construction Management and Economics* (Desember 2004) ISSN 0144-6193 print/ISSN 1466-433Xonline @2004, Taylor & Francis Ltd.

http://www.tandf.co.uk/journals

DOI:10.1080/ 014

4619042000202852.

Departamento de Construção e Bens Imobiliários, Universidade Politécnica de Hong Kong, Hunghom, Kowloon, Hong Kong

Comstock, D. E, 1980. No.72 *Circula como parte da série Transforming Sociology pelo Red Feather Institute for Advenced Studies in Sociology*. Diterjemahkan oleh Mahmudi, A. Departement of Sociology, Washington State University.

Creswell, J., 1998. *Research Design: Qualitative, Quantitative, and Mixed Methods Approaches* (2nd ed.). Sage Publication, International Educational and Professional Publisher, Thousand Oaks, CA.

Cukierman, A., S. e B. Webb, Neyapti, 1992, Measuring *Independence Central Banks and Its Effect on Policy Outcomes,* World Bank Economic Review, 6, 353-98 setembro.

Djaenuri, A., 2012. *Hubungan Keuangan Pusat-Daerah. Elemen-Elemen Penting Hubungan Keuangan Pusat-Daerah.* Ghalia Indonesia, Jakarta

Djamil, F., 1997. *Filsafat Hukum Islam*. Logos Wacana Ilmu, Jacarta

Dusuki, A.W., & Bouheraoua, S., 2011. *O quadro da Maqasid al-Shari'ah e as suas implicações para as finanças islâmicas.* Islão e Renovação Civilizacional 2.2 . Educational and Professional Publisher, Thousand Oaks, CA.

Elizabeth Young, J., 2009. *State Fiscal Sustainability: A New Theoretical Approach and Case Study of The State of Arizona*. Dissertação, Universidade do Estado do Arizona, Número de Publicação 3361301

Faridi, F.R., 1995. *Readings In Public Finance In Islam: Theory of Fiscal Policy in an Islamic State*. Instituto Islâmico de Investigação e Formação, Banco Islâmico de Desenvolvimento,

Jeddah, Reino da Arábia Saudita

Feagin, J., Orum, A., & Sjoberg, G. (Eds.), 1991. *A case for case study*. Chapel Hill, NC: University of North Carolina Press.

Feldstein, M., Taylor, A., (1976). The Income Tax and Charitable Contribution. *Econometrica, Vol.44, No.6, novembro, 1976, pp. 1201-1222*

Firdaus, M., Beik, I. S., Irawan, T., Juanda, B. (2012). *Estimativa económica e determinações do potencial de Zakat na Indonésia*. Série de Documentos de Trabalho do IRTI WP#1433-07.

Gazi, I., Penerjemah Adnan, Z, Falah, N, Penyunting Abas, Z., 2003. *Teori Komprehensif tentang Zakat dan Pajak*. Tiara Wacana, Yogyakarta.

Gencer, C., Gurpinar, D., 2006. *Analytic NetworkProcess in Suplier Selection: Um estudo de caso numa empresa eletrónica. Applied Mathematical Modelling 31 (2007) 2475-2486*. Universidade de Gazi, Faculdade de Engenharia e Arquitetura, Departamento de Engenharia Industrial, 06570 Maltepe/Ankara, Turquia.

Gevorkyan, A.V., 2009. *Innovative Fiscal Policy and Economic Development in The Transition Economies"*. Apresentado à The New School for Social Research da The New School em cumprimento parcial dos requisitos para o grau de Doutor em Filosofia. Número UMI: 3355140 . ProQuest LLC.

Gulaid M.A. e Abdullah M.A., 1995. *Reading In Public Finance*. Banco Islâmico de Desenvolvimento Instituto Islâmico de Investigação e Formação, Jeddah, Arábia Saudita

Gusfahmi, 2007. *Pajak menurut Syariah*. PT Raja Grafindo Persada, Jacarta

Hafidhuddin, D. (2002). *Zakat dalam Perekonomian Modern*. Jakarta: Gema Insani Press

Halim A, 2008. *Análise de investimentos (Belanja Modal) no sector público e privado*. UPP STIM YKPN, Yogyakarta.

Halim A., 2010. *Seri Bunga Rampai Akuntansi Sektor Publik*. UPP STIM YKPN, Yogyakarta.

Halim A, Damayanti T, 2007. *Seri Bunga Rampai Manajemen Keuangan Daerah. Pengelolaan Keuangan Daerah*. UPP STIM YKPN, Yogyakarta.

Halim A, Iqbal M, 2012. *Seri Bunga Rampai Manajemen Keuangan Daerah. Pengelolaan Keuangan Daerah*. UPP STIM YKPN, Yogyakarta.

Hamzah, M.Z., 2007. *Fiscal Decentralization and Economic Growth: Evidence of Some Empirical Research*. Escola de Negócios da Indonésia, Jacarta

Al-Haritsi, J.A, 2006. *Fikih Ekonomi Umar bin Khatthab*. Penerjemah H. Asmuni Solihan Zamakhsyari. Khalifa, Jacarta.

Hart, M., 1978. *The Hundred A Ranking of The Most Influential Person in History*. A and W Visual Library, Nova Iorque

Hitti PK, 1974. *History of The Arabs From The Earliest Times To The Present (História dos Árabes desde os primeiros tempos até à atualidade)*. The Macmillan Press LTD, Nova Iorque.

Huda N., Aliyadin A., Suprayogi A., Arbain D.M., Aji H., Utami R., Andriyati R., Harmoyo T. 2011. *Keuangan Publik Islam Pendekatan Teoritis dan Sejarah*. Kencana Pernada Media Group, Jakarta.

Inayah, G., 2003. *Teori Komprehensif tentang Zakat dan Pajak.* PT Tiara Wacana, Yogya.

Indradi, Syamsiar, 2001. *Pengaruh Pendidikan dan Pengalaman anggota DPRD dengan Proses Pembuatan Peraturan Daerah.* Tesis S2 Tidak diPublikasikan, Program Pasca Sarjana Ilmu Administrasi Negara, Universitas Brawijaya Malang.

Iqbal M. e Khan T. 2004. *Financing Public Expenditure:An Islamic Perspective (Financiamento das despesas públicas: uma perspetiva islâmica).* Documento ocasional n.º 7. Instituto de Investigação e Formação Islâmica do Banco Islâmico de Desenvolvimento, Jeddah, Arábia Saudita

Johari, F., Ibrahim, P., 2010. O Dinamismo na Implementação de Al-Kharaj Durante a Regra Islâmica. *Shariah Journal,* Vol 18, No.3 (2010) 629-658.

Joyce, P. dan Guzman, P.M. *The International Handbook of Public Management* Thousand Oaks, CA.

Ka'bah, R, 1999. *Hukum Islam di Indonesia.* Universitas YARSI, Jacarta

Kahf, M., 1995. *The Islamic Economy, Analytical of The Functioning of The Islamic Economic System,* Edisi Indonesia, Ekonomi Islam, Pustaka pelajar

------------1995. *Readings In Public Finance In Islam: Política fiscal numa economia islâmica.* Instituto de Investigação e Formação Islâmica, Banco Islâmico de Desenvolvimento, Jeddah, Reino da Arábia Saudita

Karim, A., 2002. *Ekonomi Islam Suatu Kajian Kontemporer,* TIII, Jakarta, 2002.

------------2004. *Sejarah Pemikiran Ekonomi Islam,* Rajawalin Press, Jakarta

Kartodirdjo, S., 1988. *Pendekatan Ilmu-ilmu Sosial dalam Metodologi Sejarah.* Yogyakarta: P.AU. Universitas Gadjah Mada.Series Volume 5. Sage Publication, International Educational and Professional Publisher,

Kaufmann, D., A. Kraay e P. Zoido-Lobaton, 2002. *Governance Matters II:Updated Indicators for 2000/01, Banco Mundial.*

Khan, M.A., 1996. *Economic Message of Quran,* Islamic Book Published, Kuwait

King, David N., & Ma, Yue. 1999. *The central government control of the Local Authority Expenditure: The Overseas Experience.* Public Money & Management, 19 (3).

Kumar, Ranjit, 1999. *Metodologia de investigação. A Step-by-step Guide for Beginners.* SAGE Publications. Londres, Milhares de Carvalhos, Nova Deli

Kuntowijoyo, 1994. *Metodologi Sejarah.* PT Tiara Wacana Yogya, Yogyakarta.

Mack, N, Woodsong C., Macqueen, K., Guest, G, Namey, E., 2005. *Qualitative Research Methods: A data Collector's Field Guide.* USAID, Family Health International.

Mahmudi, 2010. *Análise do processo de fabrico de produtos alimentares.* UPP STIM YKPN, Yogyakarta

Majid, M.N., 2003. A *importância da economia do Islão de Abu Yusuf para a economia da China.* Pusat Studi Ekonomi Islam (PSEI)- STIS Yogyakarta.

Mannan M.A., 1993. *Teori dan Praktik Ekonomi Islam.* Yogyakarta: Dana Bhakti Wakaf.

------------------ 2000. Effects of Zakah Assessment and Collection on the Redistribution of Income in Contemporary Moslem Countries, em Imtiazi *et al.* (ed), *Management of Zakah in Modern Moslem Society.* Jeddah: IRTI-IDB.

------------------ 1997. *Islamic Economiys, Theory and Practice*, terj. M.Nastangin, Teori dan Praktek Ekonomi Islam, Yogyakarta, Dana Bakti Waqaf

Mardani, 2011. *Ayat-ayat dan Hadith Ekonomi Syariah*. Raja Grafindo Persada, Jacarta.

Metwally, 1991. Teori dan Model Ekonomi Islam. Penerbit Bangkit Daya Insana, Jacarta

------------1981. *Modelos Macroeconómicos de Doutrinas Islâmicas*. Editora JK

------------2008. *Fiscal Policy in a Islamic Economy*. Fiscal Policy and Resourches Allocation in Islam, Editado por Ahmed, Z., Iqbal, M., Khan, M. IRTI e Instituto de Estudos Políticos, Islamabad

Mintarti, N., Beik, I. S., Tanjung, H., Haryono, A. R., Tsani, T., Kasirin, U. (2012). *Indonésia Zakat e Relatório de Desenvolvimento 2012*. Ciputat: IMZ.

Moleong, L.J.,   (2002). *Metode Penelitian Kualitatif.* PT Rosdakarya Offse, Bandung.

Al-Mubarakfuri S, 2009. *Sirah Nabawiyah*. Pustaka Al-Kautsar, Jacarta

Mufrodi A, 1996. *O Islão no mundo árabe*. Logos Wacana Ilmu, Jacarta.

Muhammad Salman, 2009. *Analisis Aspirasi Masyarakat dalam Anggaran Pendapatan dan Belanja Daerah di Kabupaten Aceh Tamiang 2008*. Tesis, Magister Studi Pembangunan, Fakultas Ilmu Sosial dan Politik, Universitas Sumatra Utara, Medan, 2009.

Muhammad, 2002. *Kebijakan Moneter dan Fiskal dalam Islam*, Pustaka Pelajar Jakarta

Muhammad, H.H., 2002. Al-Faruq, Umar Bin Khattab (Terjemahan Ali Audah). Litera Antar Nusa, Bogor.

Murniati, R., (2013). *Pengaruh Zakat Terhadap IPM*. Iqtishodia Jurnal Ekonomi Islam Republika, 23 de dezembro de 2013

An-Nabhani T, 2007. *Membangun Sistem Ekonomi Alternatif Perspektif Islam*. Risalah Gusti, Jacarta.

Patton, M, (1990). *Qualitative Evaluation and Research Methods*. Beverly Hills, CA:Sage

Pemerintah Kota Bekasi, 2008a. Relatório de avaliação da *APBD (KUAPBD)* para o ano de 2009.

-------------------------------- 2008b. *Prioridades do Plano de Ação para o Sector da Saúde (PPAS) para o primeiro semestre de 2009*

-------------------------------- 2009a. Programa de Ação Social da *APBD (KUAPBD) para o ano de 2010*.

-------------------------------- 2009b. *Prioridades e Plano de Ação para o Desenvolvimento Sustentável (PPAS) para o ano de 2010*.

                2011a. *Programa de Ação Social da APBD (KUAPBD) para o período Anggaran 2012*.

-------------------------------- 2011b. *Peraturan Daerah Kota Bekasi Nomor 01 tahun 2011, Tentang Perubahan Atas Peraturan Daerah Kota Bekasi Nomor 14/2008 Tentang Rencana Pembangunan Jangka Menengah Daerah (RPJMD) Kota Bekasi 2008-2013*

-------------------------- 2011c. *Prioritas dan Plafon Anggaran Sementara (PPAS) Tahun Anggaran 2012*.

-------------------------------- 2012a. *Programa de Ação Social da APBD (KUAPBD) em junho de 2013*

------------------------------- 2012b. *Prioridades e Plano de Ação para o Desenvolvimento Sustentável (PPAS) para 2013*

------------------------------- 2013a. *Peraturan Walikota Bekasi Nomor 43/2013, 2310-2013, Tentang Penjabaran Pertanggungjawaban Pelaksanaan Pendapatan dan Belanja Daerah Tahun Anggaran 2012.*

------------------------------- 2013b. *Peraturan Daerah Kota Bekasi Nomor 11 tahun 2013, Tentang Rencana Pembangunan Jangka Menengah Daerah (RPJMD) Kota Bekasi 2013-2018*

2013c. *Peraturan Daerah Kota Bekasi, Nomor 16/2013, 26-11-2013, Tentang Perubahan Anggaran Pendapatan dan Belanja Daerah Tahun Anggaran 2013.*

------------------------------- 2013c. *Peraturan Walikota Bekasi Nomor 18/2007, Tentang Tata Cara Perencanaan Pembangunan Tahunan Daerah.*

Peraturan Pemerintah RI No.8/tahun 2008, Tentang Tahapan, Tata Cara Penyusunan, Pengendalian dan Evaluasi Pelaksanaan Rencana Pembangunan Daerah.

Poerwandari, E.K, 2007. *Pendekatan Kualitatif untuk Perilaku Manusia.* Jakarta: LPSP3 Fakultas Psikologi Universitas Indonesia.

Polit., D.F. & Hungler., B.P. (1999). *Investigação em enfermagem, princípios e métodos.* 6th ed. Lippincott. Philadelpia-New York-Baltimore.

Praja, J.S., 1995. *Filsafat Hukum Islam.* Pusat Penerbitan LPPM UI, Bandung

Pusat Pengkajiam dan Pengembangan Ekonomi Islam (P3EI), Universitas Islam Indonesia, Yogyakarta, bekerja sama dengan Bank Indonesia, 2008. *Ekonomi Islam.* Rajagrafindo Persada, Jakarta.

Qal'ah Jey, M.Q., *Mabahits fi Al-Iqtishad al-Islamy, Dar An-Nafais, Kuwait*

Qardhawi, Y., Penerjemah Hafidhuddin, D., Budiutomo, S., Tamhid, A.R.S., 1995. *Peran Nilai dan Moral dalam Perekonomian Islam.* Maktabah Wahbah, Kairo, Mesir.

--------------------- 1998. *Hukum Zakat.* Pustaka Litera Antar Nusa, Jakarta

Ra'ana, Irfan Mahmud, 1997. *Ekonomi Pemerintahan Umar ibn Al - Khattab,* Pustaka firdaus, Cet ke-3, Jakarta

Rahman A, 1992. *Doktrin Ekonomi Islam Jilid 1.* PT Dana Bakti Wakaf, Yogyakarta.

Riwu, J.K, 2005. *Prospek Otonomi Daerah di Negara Republik Indonesia.* Raja Grafindo Persada, Jacarta

Rukmana, Y., 2014. Mendudukan Arah Transformasi Lembaga Amil Zakat. *Iqtishodia Jurnal Ekonomi Islam Republika.* Jakarta.

Saaty, Thomas L e Vargas, Louis G. 2006, *Decision Making with the Analitic Network Process. Aplicações económicas, políticas, sociais e tecnológicas com benefícios, oportunidades, custos e riscos.* Springer. RWS Publication, Pittsburgh.

Saaty, Thomas L. 2001. *Theory and Applications of the Analytic Network Process.* Pittsburgh: Universidade de Pittsburgh.

Sabzwari, M.A, 1984. Economic and fiscal System During Khilafat E-Rashida, dalam *Journal of Islamic Banking and Finance,* Vol. 1, No.4, Karachi

------------ 1985. Economic and fiscal System During Khilafat E-Rashida, dalam *jurnal of Islamic Banking and Finance*, Karachi, Vol.2, No.4,1985.

----------- 1985. *Economic and fiscal System During Khilafat E-Rashida*, dalam *Journal of Islamic Banking and Finance,* Vol.2, No.4, Karachi

Samuelson, Paul A. (1954). *Pure Theory of Public Expenditure.* Review Economics and Statistics, Vol. 36, No. 4, novembro, 387-389.

Sarafadeen, N.O., 2012. A Framework of Islamic Economics With Reference to Islamic Taxation and Allowable Expenditures (Um Quadro de Economia Islâmica com Referência à Tributação Islâmica e Despesas Permitidas). *IIUM Law Journal, 2012:243-274*

Setiawan A, (2003). *Reformasi Manajemen Keuangan Pemerintah : Sebuah Tinjauan.* Relatório do Diretor do Departamento de Assuntos Sociais e de Saúde do Ministério da Educação PPN/Bapppenas & Mahasiswa Programa Pasca Sarjana MPKP Universitas Indonesia (UI)

Shiddiqi, 1986. *History of Islamic Economic Though,* Jeddah, IRTI, IDB, 1986

----------- 1995. *Readings In Public Finance In Islam: Public Expenditure in an Islamic State* . Instituto de Investigação e Formação Islâmica, Banco Islâmico de Desenvolvimento, Jeddah, Reino da Arábia Saudita

----------- 2002. Otimização da Pensão de Vida e da Retribuição de Vida na Área de Gestão de Recursos Humanos. A sua   apresentação foi efectuada no âmbito do projeto Orasi Ilmiah com o tema *"Strategi Meningkatkan Kemampuan Keuangan Daerah Melalui Penggalian Potensi Daerah dalam Rangka Otonomi Daerah".* Acara Wisuda XXI STIA LAN Bandung Tahun Akademik 2001/2002 - di Bandung, 10 de abril de 2002.

Ash-Shiddiqy, M.N., 1985. *Issues in Islamic Banking,* Londres, The Islamic Foundation, 1983, Terj. *Banco Islâmico,* Bandung, Pustaka

-------------------------- 1986. *Pensamento Económico Muçulmano.* IRTI BID, Jeddah

Ash-Shiddiqy, T.M.H., 1974. *Filsafat Hukum Islam.* Bulan Bintang, Yogyakarta

Sjamsuddin, H. (2007). *Metodologi Sejarah.* Ombak, Yogyakarta.

Sopanah, 2003. Pengaruh Partisipasi Masyarakat dan transparansi kebijakan public terhadap hubungan antara pengetahuan dewan tentang anggaran dengan pengawasan keuangan daerah.(*Tesis Program Pascasarjana MAKSI UGM Yogyakarta) SNA VI Surabaya, oktober 2003, p1160*).

Stake, R.E., 1995. *The Art of Case Study Research.* Sage Publication, International Educational and Professional Publisher, Thousand Oaks, CA.

Stiglitz J.E., 2000. *Making Globalization Work* - The 2006 Geary Lecture, *The Economic and Social Review,* 39(3), Winter.

-------------- 2009. *Regulation and Failure.* in *New Perspectives on Regulation,* D. Moss e J. Cisternino, eds., Cambridge, MA: Tobin Project.

Stiglitz J.E., Sheshinski E., Lau L.J., 1978. Efficiency In The Optimum Supply of Goods. *Econometrica Volume 46, março de 1978, Número 2.*

Subekan, A., Hartoyo, N., 2012. *Keuangan Daerah: Terapi Atasi Kemiskinan.* Alta Pustaka, Malang

Sugiyono, 2013. *Memahami Penelitian Kualitatif.* Alfabeta, Bandung.

Suharto, U. , 2005. Kitab al-Amwal: *O conceito de finanças públicas* de Abu Ubayd. Instituto Internacional do Pensamento e Civilização Islâmica (ISTAC), Universidade Islâmica Internacional da Malásia (IIUM),.

------------------ 2009. Zakat Sebagai Lembaga Keuangan Publik Khusus : Refleksi Kitab al Amwal Karya Abu Ubaid (W 838 M). *Jurnal Pemikiran dan Gagasan - Vol II 2009.* www.imz.or.id

Syalabi A, 1990. *Sejarah dan Kebudayaan Islam.* Pustaka Alhusna, Jacarta.

------------1994. *Sejarah dan Kebudayaan Islam,* Pustaka Alhusna, Jilid 1, Cet. ke-8, Jakarta

Tanjung, H., Devi, A., 2013. *Metodologi Penelitian Ekonomi Islam.* Gramata Publishing, Bekasi.

At-Tariqy, A.A.A., 1999. *Al-Iqtishad Al-Islami, Ushuluhu wa Mubaun wa Ahdaf,* Dar An-Nafais, Kuwait

Taslicali, A.K., Ercan, S., 2006. The Analytic Hierarchy & The Analytic Network Processes in Multicriteria Decision Making: A Comparative Study. Instituto de Aeronáutica e Tecnologias Espaciais da Academia da Força Aérea Turca, Yesilyurt, Istambul. *Journal of Aeronautics and Space Technologies, julho de 2006 Volume 2 Número 4 (55-65).*

Tellis, W., 1997. *Aplicação de uma metodologia de estudo de caso.* The Qualitative Report, Volume 3, Número 3

Uman, K., Amitudin, A., 1998. *Ushul Fiqih II.* CV Pustaka Setia, Bandung

Yatim, Badri, 1994. *Sejarah Peradaban Islam.* PT Raja Grafindo Persada, Cet. ke-2, Jacarta

Yin, R.K., 2003. *Case Study Research Design and Methods. Applied Social Methods Series* Volume 5. Sage Publication, International Educational and Professional Publisher, Thousand Oaks, CA.

------------- 2006. *Estudo Kasus; Desain dan Metode.* PT Raja Grafindo Persada, Jacarta

Yusoff, M.B, 2006. Política fiscal numa economia islâmica. *IIUM Journal of Economics and Management,Vol: 14/Issue*: 2, 2006.

Zallum, A.Q, 2002. *Al-Amwal fi Daulah al-Khilafah.* Pustaka Thariqul Izzah, Bogor

---------------- 1983. *Al Amwal Fi Daulah Al Khilafah.* Cetakan I. Beirute : Darul 'Ilmi Lil Malayin.

Ziauddin Ahmed, Munawar Iqbal, M. Fahim Khan, 1403H / 1983, *Fiskal Policy and Resource Allocation in Islam.* Centro Internacional de Investigação em Economia Islâmica, Universidade Rei Abdulaziz, Jeddah e Instituto de Estudos Políticos, Islamabad, Composição Digital para a Web por: Centro de Pesquisa em Economia Islâmica publicado em maio de 2008

SUMBER INTERNET:

hhtp://Hayatulislam.net

http://baitulmalpidiejaya.or.id/beranda_web/beranda/detail/15,Optimalisasi Penghimpunan Zakat, Infak dan Sedekah, Husen, S..M., Kabid Sosialisasi dan Pengembangan Baitul Mal Aceh

http://eprints.undip.ac.id/15180/1/ASPP-10.pdf. Werimon, S, Ghozali, I, Nazir, M, 2007. Pengaruh Partisipasi Masyarakat dan Transparansi Kebijakan Publik terhadap Hubungan

Antara Pengetahuan Dewan Tentang Anggaran Dengan Pengawasan Keuangan Daerah (APBD) (Studi Empiris di Provinsi Papua). Universitas Diponegoro, Semarang. Simposium Nasional Akuntansi X, Unhas, Makasar, 26-28 de julho de 2007.

http://jurnal-ekonomi.org/berapa-utang-pemerintah-indonesia/

http://puslit2.petra.ac.id/ejournal/index.php/aku/article/view/15685/15677ASPP-10.

Mangoting, Y. Pajak Penghasilan dalam Sebuah Kebijaksanaan. Dosen Fakultas Ekonomi, Jurusan Akuntansi, Universitas Kristen Petra.

http://rooseveltinstitute.org/sites/all/files/Stiglitz_Reforming_Taxation_White_Paper _Roosevelt_Institute.pdf, *WWW.ROOSEVELTINSTITUTE.ORG* Stiglitz J.E, 2014. Reforming Taxation To Promote Growth and Equity (Reformar a tributação para promover o crescimento e a equidade), *Livro Branco. Direitos de autor 2014, Instituto Roosevelt. Todos os direitos reservados*

http://suarakpk.com/riset-pemetaan-masalah-masalah-pajak-indonesia/Kebijakan Perpajakan Perlu Pembenahan dan Penataan Kembali

http://www.anggaran.depkeu.go.id/dja/acontent/dasar%20penyusunan%20apbn.pdf, Dasar-dasar Praktek Penyusunan APBN di Indonesia Edisi II.

http://www.antikorupsi.org/id/content/akibat-salah-urus-pengelolaan-keuangan- negara-rugi-rp-122-triliun

http://www.bi.go.id/id/publikasi/jurnal-ekonomi/Documents. Surjaningsih, N, Utari, G.A.D dan Trisnanto, B. Dampak Kebijakan Fiskal Terhadap Output dan Inflasi.

http://www.businessdictionary.com/definition/system.html#ixzz3Ii2IlxhJ

http://www.ccs.neu.edu/course/is4800sp12/resources/qualmethods.pdf Métodos Qualitativos em Saúde Pública, 2013: Um Guia de Campo para a Investigação Aplicada. Family Health International, Northeastern Unversity College of Computer and Information Science.

http://www.djpk.depkeu.go.id/document.php/document/article/47/41/. Machfud Siddik - *Kebijakan, Implementasi, dan Pandangan ke Depan Perimbangan Keuangan Pusat dan Daerah, diakses 17-01-2012*

http://www.irti.org/irj/go/docs/documents/IDBDevelopments/Internet/English/IRTI/C M/downlds/Arquivos de ensino à distância

http://www.irti.org/irj/go/docs/documents/IDBDevelopments/Internet/English/IRTI/C M/downlds/Arquivos de ensino à distância

http://www.presid enri.go.id/index.php/fokus/2010/12/23/6289.html.Kamis, 23 dezembro de 2010

http://www.surah.my/8 Terjemahan Al-Quran Bahasa Melayu

http://www.urban.org/policy-centers/cross-center-initiatives/tax-policy-and-charities/analyzing-tax-policies-affect-charitable-giving-and-nonprofit-sector

http://www0.gsb.columbia.edu/cfusion/faculty/jstiglitz/download/papers/2010_Dange rs_Deficit_reduction.pdf, Stiglitz J.E.,2010. *The Dangers of Deficit Reduction [Os Perigos da Redução do Défice]*. Berkeley Electronic Press / Project Syndicate The Economists' Voice www.bepress.com/ev março, 2010

Sumário: http://www.sayedmuhammadhusen.blogspot.com/

www.Pajak.go.id Hafidhudhin, D., 2007. Baznas Usulkan Zakat sebagai Pengurang Pajak. Harian Seputar Indonesia, 08 de outubro de 2007

www.perpustakaan.depkeu.go.id/.../Dasar-dasar-Keuangan-Publik.pdfDepartemen Keuangan RI, Dasar-dasar Keuangan Publik.

http://www.pajak.go.id/content/article/pajak-menurut-syariah

http://adh.sagepub.com/content/4/4/335. Dooley, L.M (2005). Case Study Research and Theory Building. Sage Journals.

http://adh.sagepub.com/content/4/4/335. Dooley, L.M (2005). Case Study Research and Theory Building. Sage Journals.

http://pfr.sagepub.com/content/42/1.toc Jurnal Public Finance

http://baitulmal.acehprov.go.id/index.php/news/read/2014/12/01/72/peluang-dan-tantangan-zakat-sebagai-pad.html Peluang dan Tantangan Zakat Sebagai PAD Ditulis oleh Admin, pada Senin, 01 Desember 2014

http://abiaqsa.blogspot.com/2007/09/baitul-mal-dalam-keuangan-publik.html

http://paramujaddida.wordpress.com/2010/02/01/maqasid-syariah/

https://muhaiminkhair.wordpress.com/2010/04/29/masalah-hutang-luar-negeri-indonesia-dan-alternatif-solusinya-dalam-perspektif-kebijakan-ekonomi-makro- islam/ Muhaimin, 2010. *Masalah Utang Luar Negeri dan Alternatif Solusinya dalam Perspektig Kebijakan Ekonomi Makro Islam.*

http://hizbut-tahrir.or.id/2010/10/10/meramu-apbn-syariah/

Kompasiana.com, 04 de novembro de 2010, *Data dan Fakta-Kontrak Karya*

http://fadlyknight.blogspot.com/2011/10/maqashid-syariah.html

http://dailyiqra.com/2013/10/01/komparasi-fiskal-ekonomi-moderen-dengan-ekonomi-islam-11/

http://dailyiqra.com/2013/10/01/komparasi-fiskal-ekonomi-moderen-dengan-ekonomi-islam-11/

http://www.islamcendekia.com/2014/01/istilah-korupsi-sebagai-ghulul-dalam- hukum-islam.html

http://beritabekasi.co.id/2015/01/syaiful-bahri-usulan-dalam-musrenbang-hanya- mampu-terealisasi-30-persen/

http://www.nova.edu/ssss/QR/QR3-3/tellis2.html. *The Qualitative Report*, Volume 3, Número 3, setembro, 1997

Printed by Books on Demand GmbH, Norderstedt / Germany